继续
教育

继续(网络)教育系列规划教材

荣获全国高校现代远程教育协作组评比"网络教育教材建设金奖"

投资管理

Touzi Guanli

蒲丽娟　侯慧洁　主编

西南财经大学出版社
Southwestern University of Finance & Economics Press
中国·成都

U0914010

图书在版编目(CIP)数据

投资管理/蒲丽娟,侯慧洁主编．—成都:西南财经大学出版社,2017.10

ISBN 978-7-5504-3142-3

Ⅰ.①投… Ⅱ.①蒲…②侯… Ⅲ.①投资管理—高等学校—教材
Ⅳ.①F830.593

中国版本图书馆 CIP 数据核字(2017)第 176097 号

投资管理

蒲丽娟 侯慧洁 主编

责任编辑:廖术涵

助理编辑:廖庆

封面设计:穆志坚 张姗姗

责任印制:封俊川

出版发行	西南财经大学出版社(四川省成都市光华村街 55 号)
网　　址	http://www.bookcj.com
电子邮件	bookcj@foxmail.com
邮政编码	610074
电　　话	028-87353785　87352368
照　　排	四川胜翔数码印务设计有限公司
印　　刷	郫县犀浦印刷厂
成品尺寸	185mm×260mm
印　　张	7.75
字　　数	170 千字
版　　次	2017 年 10 月第 1 版
印　　次	2017 年 10 月第 1 次印刷
书　　号	ISBN 978-7-5504-3142-3
定　　价	18.00 元

1. 版权所有,翻印必究。

2. 如有印刷、装订等差错,可向本社营销部调换。

3. 本书封底无本社数码防伪标识,不得销售。

继续（网络）教育系列规划教材编审委员会

主　任：杨　丹

副主任（按姓氏笔画排序）：

冯　建　陈顺刚　唐旭辉

委　员（按姓氏笔画排序）：

冯　建　吕先锫　杨　丹　李永强

李良华　陈顺刚　赵静梅　唐旭辉

总 序

随着全民终身学习型社会的逐渐建立和完善，业余继续（网络）学历教育学生对教材的质量要求越来越高。为了进一步提高继续（网络）教育的人才培养质量，帮助学生更好地学习，依据西南财经大学继续（网络）教育人才培养目标、成人学习的特点及规律，西南财经大学继续（网络）教育学院和西南财经大学出版社共同规划，依托学校各专业学院的骨干教师资源，致力于开发适合继续（网络）学历教育学生的高质量优秀系列规划教材。

西南财经大学继续（网络）教育学院和西南财经大学出版社按照继续（网络）教育人才培养方案，编写了专科及专升本公共基础课、专业基础课、专业主干课和部分选修课教材，以完善继续（网络）教育教材体系。

本系列教材的读者主要是在职人员，他们具有一定的社会实践经验和理论知识，个性化学习诉求突出，学习针对性强，学习目的明确。因此，本系列教材的编写突出了基础性、职业性、实践性及综合性。教材体系和内容结构具有新颖、实用、简明、易懂等特点，对重点、难点问题的阐述深入浅出、形象直观，对定理和概念的论述简明扼要。

为了编好本套系列规划教材，在学校领导、出版社和各学院的大力支持下，成立了由学校副校长、博士生导师杨丹教授任主任，出版社社长、博士生导师冯建教授以及继续（网络）教育学院陈顺刚院长和唐旭辉研究员任副主任，其他部分学院领导参加的编审委员会。在编审委员会的协调、组织下，经过广泛深入的调查研究，制订了我校继续（网络）教育教材建设规划，明确了建设目标。

在编审委员会的协调下，组织各学院具有丰富继续（网络）教育教学经验并有教授或副教授职称的教师担任主编，由各书主编组织成立教材编写团队，确定教材编写大纲、实施计划及人员分工等，经编审委员会审核每门教材的编写大纲后再进行编写。自 2009 年启动以来，经过几年的打造，现已出版了七十余种教材。该系列教材出版后，社会反响较好，获得了教育部网络教育教材建设评比金奖。

下一步根据教学需要，我们还将做两件事：一是结合转变教学与学习范式，按照理念先进、特色鲜明、立体化建设、模块新颖的要求，引进先进的教材编写模块来修订、完善已出版的教材；二是补充部分新教材。

希望经多方努力，力争将此系列教材打造成适应教学范式转变的高水平教材。在此，我们对各学院领导的大力支持、各位作者的辛勤劳动以及西南财经大学出版社的鼎力相助表示衷心的感谢！在今后教材的使用过程中，我们将听取各方面的意见，不断修订、完善教材，使之发挥更大的作用。

西南财经大学继续（网络）教育学院

2014 年 12 月

前 言

近些年来，投资领域经历了一个快速、深刻、不断变化和发展的时期，这一发展不仅体现在越来越丰富的金融投资工具方面，也表现在当今科学技术的发展使得许多新的交易策略创新得以付诸实践。当然，这也离不开理论界相关学术成果的快速发展。投资理论不仅为投资者提供了很多投资理论方面的指导，也给很多金融机构提供了不可或缺的理论模型。

本书将向读者介绍投资者关注的理论模型与分析工具。主要目的是为投资者的投资行为提供指导，将投资理论运用于实践。基于上述考虑，本书全面、系统地介绍了现代金融投资理论与模型、证券投资技术等核心内容。

本书内容分为九章，包括金融资产、金融市场、资产类别与金融投资工具、金融投资风险与收益理论、投资组合理论、投资组合模型、证券投资的基本分析和技术分析以及有效市场假说。

这九章内容可以分为四个部分。第一个部分包括第一章、第二章和第三章，主要是关于投资整体环境的概述。第一章金融资产主要介绍金融资产和实物资产的区别，金融资产的分类和特征。第二章金融市场主要介绍金融的概念、基本要素以及不同的分类方法，其中，重点介绍了三个金融市场，即资本市场、货币市场和外汇市场。第三章金融投资工具主要介绍了三个不同市场的金融工具，即资本市场工具、货币市场工具和衍生金融工具，其中，重点介绍了两种资本市场工具，也是我们最常见的两种投资工具，即股票和债券。第二部分是第四章、第五章和第六章，主要是关于主流投资理论和模型的介绍。第四章金融投资风险与收益理论主要介绍金融投资的风险和收益率的衡量，以及风险与收益之间的关系等。第五章主要介绍投资组合理论，内容包括投资组合的构造与管理，投资组合收益与风险的衡量等。第六章投资组合模型则介绍了几种著名的投资组合模型，它们是马科维茨的资产组合选择模型、资本资产定价模型、单因素模型、多因素模型和套利定价模型，这一章的内容尤为重要，需要重点掌握。第三部分是第七章和第八章，是关于证券投资的基本分析和技术分析的内容。第七章证券投资的基本分析介绍了经济环境、行业分析和政府政策对基本分析的影响。第八章证券投资的技术分析介绍了几种典型的技术分析理论和技术分析指标，以及技术分析方法，具有重要的实践指导意义。第四部分即第九章，介绍有效市场假说，主要介绍了有效市场假说的产生与发展、有效市场的三个层次及检验、有效市场假说的理论意义和实践意义等。

投资管理是一门理论与实践结合较紧密的课程，书中的一些理论和模型在实践中已经有了比较广泛的应用，一些投资分析技术也经得起实践的检验。由于篇幅有限，本书对一些理论和模型的介绍不是很详细，读者可结合投资管理相关书籍配套使用。

蒲丽娟　侯慧洁

2017 年 10 月

目 录

1　金融资产

1.1　实物资产与金融资产

实物资产是指经济生活中所创造的用于生产物品和提供服务的资产，是创造财富和收入的资产，为经济创造净利润。它包括土地、建筑物、知识、用于生产产品的机械设备和运用这些资源必需的有技术的工人。实物资产代表一个社会经济的生产能力，即社会成员创造产品和服务的能力，如土地、建筑物、机器以及可用于生产产品和提供服务的知识。

金融资产与实物资产相对应，如股票和债券。金融资产是指一切代表未来收益或资产合法要求权的凭证，亦称金融工具或证券，是指单位或个人拥有的以价值形态存在的资产，是一种索取实物资产的权利。这些证券并不会直接增强一个经济体的生产能力，而是代表着持有者对实物资产的索取权，是一切可以在有组织的金融市场上进行交易、具有现实价格和未来估价的金融工具的总称。金融资产的最大特征是能够在市场交易中为其所有者提供即期或远期的货币收入流量。

实物资产为经济创造净利润，而金融资产仅仅确定收入或财富在投资者之间的分配。一方面，它们的本质属性就根本不同，另一方面两者的风险转移能力也有所区别。金融资产具有较好的可分性、同质性和流动性，其持有者可以随时转让手中持有的金融产品，进而转移了持有该资产的风险；而实物资产流动性较差，投资者很难通过转移该资产来转移风险、收回投资份额。

1.2　金融资产的分类

从管理需要的角度，金融资产分为四类：交易性金融资产、持有至到期投资、贷款和应收款项、可供出售金融资产。

从内容来看，金融资产主要包括：股票投资、债券投资、基金投资和应收款项。

从会计处理的角度，我们要求掌握前一种分类。

金融资产的分类与金融资产的计量密切相关。企业应当结合自身业务特点和风险管理要求，将取得的金融资产在初始确认时分为以下几类：①以公允价值计量且其变动计入当期损益的金融资产；②持有至到期投资；③贷款和应收款项；④可供出售金融资产。

金融资产的分类一旦确定，不得随意改变。

1.2.1 以公允价值计量且其变动计入当期损益的金融资产

以公允价值计量且其变动计入当期损益的金融资产，可以进一步分为交易性金融资产和直接指定为以公允价值计量且其变动计入当期损益的金融资产。

（1）交易性金融资产。

满足以下条件之一的金融资产，应当划分为交易性金融资产：

①取得该金融资产的目的，主要是为了近期内出售、回购或赎回。例如，企业以赚取差价为目的从二级市场购入的股票、债券和基金等。

②属于进行集中管理的可辨认金融资产组合的一部分，且有客观证据表明企业近期采用短期获利方式对该组合进行管理。在这种情况下，即使组合中有某个组成项目持有的期限稍长也不受影响。

③属于衍生工具。但是，被指定为有效套期工具的衍生工具、属于财务担保合同的衍生工具、与在活跃市场中没有报价且其公允价值不能可靠计量的权益工具投资挂钩并须通过交付该权益工具结算的衍生工具除外。

（2）直接指定为以公允价值计量且其变动计入当期损益的金融资产。

对于包括一项或多项嵌入衍生工具的混合工具而言，如果不属于以下两种情况，那么企业可以将其直接指定为以公允价值计量且其变动计入当期损益的金融资产或金融负债：第一，嵌入衍生工具对混合工具的现金流量没有重大改变；第二，类似混合工具所嵌入的衍生工具，明显不应当从相关混合工具中分拆。

除混合工具以外的金融资产，若直接指定能够产生更相关的会计信息时，可直接指定为以公允价值计量且其变动计入当期损益的金融资产。

符合以下条件之一，就说明直接指定能够产生更相关的会计信息：

其一，该指定可以消除或明显减少由于该金融资产的计量基础不同而导致的相关利得或损失在确认和计量方面不一致的情况；

其二，企业的风险管理或投资策略的正式书面文件已载明，该金融资产以公允价值为基础进行管理、评价并向关键管理人员报告。

注意：没有必要刻意区分交易性金融资产与直接指定为以公允价值计量且其变动计入当期损益的金融资产，因为从会计核算科目来看，直接指定为以公允价值计量且其变动计入当期损益的金融资产，都是通过“交易性金融资产”科目核算。衍生金融资产在分类上虽然属于交易性金融资产，但鉴于它的特殊性，会计上单独设置“衍生工具”科目来核算，并不放在“交易性金融资产”科目核算。

1.2.2 持有至到期投资

持有至到期投资，是指到期日固定、回收金额固定或可确定，且企业有明确意图和能力持有至到期的非衍生金融资产。

持有至到期投资有以下特点：①到期日固定、回收金额固定或可确定；②有明确意图持有至到期；③有能力持有至到期。

其中，“有明确意图持有至到期”是指投资者在取得投资时意图就是明确的，除非遇到一些企业所不能控制、预期不会重复发生且难以合理预计的独立事件，否则将持有至到期。

存在下列情况之一的，表明企业没有明确意图将金融资产投资持有至到期：

①持有该金融资产的期限不确定。

②发生市场利率变化、流动性需要变化、替代投资机会及其投资收益率变化、融资来源和条件变化、外汇风险变化等情况时，将出售该金融资产。但是，无法控制、预期不会重复发生且难以合理预计的独立事项引起的金融资产出售除外。

③该金融资产的发行方可以按照明显低于其摊余成本的金额清偿。

④其他表明企业没有明确意图将该金融资产持有至到期的情况。

“有能力持有至到期”是指企业有足够的财务资源，并不受外部因素影响将投资持有至到期。

若变化了的情况表明企业没有能力将具有固定期限的金融资产投资持有至到期的，应当将其重新分类为可供出售金融资产进行处理。

1.2.3 贷款和应收款项

贷款和应收款项，是指在活跃市场中没有报价、回收金额固定或可确定的非衍生金融资产。

贷款，是银行才特有的。对于制造型企业来说，这类金融资产是指货币资金和应收款项。货币资金，包括库存现金、银行存款和其他货币资金；应收款项，包括应收账款、应收票据、应收利息、应收股利、其他应收款、预付账款和长期应收款7项。

1.2.4 可供出售金融资产

对于公允价值能够可靠计量的金融资产，企业可以将其直接指定为可供出售金融资产。例如，在活跃市场上有报价的股票投资、债券投资等。如企业没有将其划分为前三类金融资产，则应将其作为可供出售金融资产处理。相对于交易性金融资产而言，可供出售金融资产的持有意图不明确。

企业持有上市公司限售股权且对上市公司不具有控制、共同控制或重大影响的，应将该限售股权划分为可供出售金融资产。

金融资产分类汇总如表1.1所示。

表 1.1　　金融资产分类汇总

<table>
<tr><td rowspan="5">基本分类</td><td rowspan="2">以公允价值计量且其变动计入当期损益的金融资产</td><td>交易性金融资产</td><td>交易性金融资产主要是企业为了近期内出售的金融资产。</td></tr>
<tr><td>直接指定为以公允价值计量且其变动计入当期损益的金融资产</td><td>直接指定为以公允价值计量且其变动计入当期损益的金融资产主要是企业基于风险管理、战略投资需要等而将其直接指定为以公允价值计量且其公允价值变动计入当期损益的金融资产。</td></tr>
<tr><td>持有至到期投资</td><td colspan="2">此类金融资产是到期日固定、回收金额固定或可确定，且企业有明确意图和能力持有至到期的非衍生金融资产。通常情况下，企业持有的、在活跃市场上有公开报价的国债、企业债券、金融债券等，可以划分为持有至到期投资。</td></tr>
<tr><td>可供出售金融资产</td><td colspan="2">此类金融资产是初始确认时即被指定为可供出售的非衍生金融资产，以及没有划分为持有至到期投资、贷款和应收款项的金融资产。通常情况下，划分为此类的金融资产应当在活跃市场上有报价，企业从二级市场上购入的有报价的债券投资、股票投资、基金投资等，没有划分为以公允价值计量且其变动计入当期损益的金融资产的，可以划分为可供出售金融资产。</td></tr>
<tr><td>贷款和应收款项</td><td colspan="2">此类金融资产是在活跃市场中没有报价、回收金额固定或可确定的非衍生金融资产。通常情况下，一般企业因销售商品或提供劳务形成的应收款项、商业银行发放的贷款等，由于在活跃市场上没有报价，回收金额固定或可确定，从而可以划分为此类。</td></tr>
</table>

1.3　金融资产的主要特征

1.3.1　流动性

金融资产的流动性指的是金融资产可以迅速变现，而同时不受价值上的损失。不同的金融资产有不同的流动性。影响金融资产流动性的因素主要有两个：第一，金融资产发行的合同或条款，例如商业银行的活期存款具有高度的流动性，人们可以不用支付额外的费用就可以把活期存款转换为现金，但是养老基金的要求权责则是完全不流动的，人们只能在退休后才能提取养老金；第二，市场的发达程度，金融市场越发达，金融资产的流动性越强。流动性高的金融资产必须具备两个条件：一是容易兑现且交易费用低；二是金融资产的市场价值波动幅度要小。金融资产的流动性影响着它的价值，一般来说，在其他变量固定的情况下，金融资产的流动性越高，其价值越高。

1.3.2　风险性

金融资产的风险性指的是未来收益的不确定性，通常以未来收益的实际结果与其期望值的偏差来表示。一项金融资产的未来收益的不确定性程度越高，其风险就越大。在现实中，不同的金融资产有不同的风险。投资者投资于金融资产，都期望能在未来有较好的收益，千方百计地避免风险，这里的风险主要包括违约风险、市场风险、利率风险等。但值得注意的是，风险并不总意味着损失，实际上风险是中性的。

1.3.3 收益性

金融资产的收益性，用收益率来表示，指金融资产在给定的时间段内给持有者带来的一定的收益。

金融资产的流动性、风险性和收益性是相互关联的。其中，流动性与收益性成反比，金融资产的流动性越强，其预期收益也就越低；而收益性与风险性成正比，收益越高的金融资产，往往面临的风险较高。

投资者对金融资产的一般要求是流动性越大越好，风险越低越好，收益性越高越好，当然这三方面不可能同时满足，因此投资者要进行适当的权衡来选择金融资产。

2 金融市场

2.1 金融市场概述

2.1.1 金融市场的概念

金融市场是指资金供应者和资金需求者双方通过信用工具进行交易而融通资金的市场，广而言之，是实现货币借贷和资金融通、办理各种票据和有价证券交易活动的市场。

金融市场是资金融通市场。所谓资金融通，是指在经济运行过程中，资金供求双方运用各种金融工具调节资金盈余的活动，是所有金融交易活动的总称。比如常见的股票市场、债券市场、外汇市场，是资金转移的一个重要途径。通过资金转移，可以极大地促进整个经济运行效率的提高。在金融市场上交易的是各种金融工具，如股票、债券、储蓄存单等。资金融通简称为融资，一般分为直接融资和间接融资两种。直接融资是资金供求双方直接进行资金融通的活动，也就是资金需求者直接通过金融市场向社会上有资金盈余的机构和个人筹资；与此对应，间接融资则是指通过银行所进行的资金融通活动，也就是资金需求者采取向银行等金融中介机构申请贷款的方式筹资。直接融资和间接融资的主要区别不在于是否有银行等金融机构参与进来，而是看金融机构是否发行自己的债权债务凭证。金融市场对经济活动的各个方面都有着直接的深刻影响，如个人财富、企业的经营、经济运行的效率，都直接取决于金融市场的活动。

金融市场的构成十分复杂，它是由许多不同的市场组成的一个庞大体系。但是，一般根据金融市场上交易工具的期限，把金融市场分为货币市场和资本市场两大类。货币市场是融通短期资金的市场，资本市场是融通长期资金的市场。货币市场和资本市场又可以进一步分为若干不同的子市场。货币市场包括金融同业拆借市场、回购协议市场、商业票据市场、银行承兑汇票市场、短期政府债券市场、大面额可转让存单市场等。资本市场包括中长期信贷市场和证券市场。中长期信贷市场是金融机构与工商企业之间的贷款市场；证券市场是通过证券的发行与交易进行融资的市场，包括债券市场、股票市场、基金市场、保险市场、融资租赁市场等。

2.1.2 金融市场的基本要素和主要参与者

2.1.2.1 金融市场的基本要素

一个完备的金融市场，应包括三个基本要素：

（1）资金供应者和资金需求者。他们包括政府、金融机构、企事业单位、居民、外商，等等，既能向金融市场提供资金，也能从金融市场筹措资金。这是金融市场得以形成和发展的一项基本因素。

（2）信用工具。这是借贷资本在金融市场上交易的对象。如各种债券、股票、票据、可转让存单、借款合同、抵押契约等，是金融市场上实现投资、融资活动必须依赖的标的。

（3）信用中介。这是指一些充当资金供求双方的中介人，起着联系、媒介和代客买卖作用的机构，如银行、投资公司、证券交易所、证券商和经纪人等。

2.1.2.2 金融市场的主要参与者

与金融市场的基本要素对应，纵观整个金融市场，主要有五类参与者：

（1）公司。

公司是借款者，它们筹集资金并将其投资于厂房和设备，这些实物资产所产生的收益用于向投资者（公司发行债券的购买者如机构投资者和个人投资者）支付回报。公司也是金融市场上的贷款者，为了保值增值，他们将生产过程中暂时闲置的资金暂时地让渡出去，使资金发挥更大的效益。

（2）家庭或个人。

家庭和个人一般是储蓄者即资金提供者，他们购买金融市场上的各种金融资产来进行组合投资以实现保值增值。同时，随着时代的发展，家庭和个人有时也是资金需求者，例如用于购买住房、汽车及其他耐用消费品，信用卡的日渐普及也是个人作为资金需求者的一种表现。

（3）政府。

政府既是借款者也是贷款者，取决于政府税收收入与政府支出之间的关系。若政府出现财政赤字，即税收收入低于政府支出，那么政府就不得不借款来填补财政赤字。如二战后的美国政府，往往出现财政赤字，美国政府主要通过发行短期国库券、票据和债券向公众筹集资金。若政府实现了财政盈余，即税收收入高于政府支出，则政府有能力偿还往年的一些债务。

（4）金融中介机构。

金融中介是指在金融市场上资金融通过程中，在资金供求者之间起媒介或桥梁作用的人或机构。金融中介一般由银行金融中介及非银行金融中介构成，具体包括商业银行、证券公司、保险公司以及信息咨询服务机构等中介机构，金融是现代经济的核心。

在现代市场经济中，金融活动与经济运行关系密切，金融活动的范围、质量直接影响到经济活动的绩效，几乎所有金融活动都是以金融中介机构为中心展开的，因此，金融中介在经济活动中占据着十分重要的位置。随着经济金融化程度的不断加深和经济全球化的迅速推进，金融中介本身成为一个十分复杂的体系，并且这个体系的运作状况对于经济和社会的健康发展具有极为重要的作用。

（5）金融市场服务机构。

金融市场服务机构主要有以下四类：

①金融信息咨询公司。

金融信息咨询公司是进行金融信息咨询业务的有限责任公司，这类公司根据客户的需求去调查研究收集到的资料，经分析整理并提出可行性分析报告或方案。

②信用评级机构。

信用评级机构是依法设立的从事信用评级业务的社会中介机构，即金融市场上一个重要的服务性中介机构，它是由专门的经济、法律、财务专家组成的对证券发行人和证券信用进行等级评定的组织。

目前国际上公认的最具权威性的专业信用评级机构只有三家，分别是美国标准·普尔公司、穆迪投资服务公司和惠誉国际信用评级有限公司。

③律师事务所。

在金融市场上，律师事务所能够为股份公司股票的发行上市，债券的发行、转让与兑现，以及证券承销商投资银行业务提供相关法律服务；担任发行人或者承销人的法律顾问，起草有关法律文件，提供法律咨询；代表银行等金融机构以及其他经纪人的利益，为客户提供证券发行和国际贷款方面的服务。

④会计师事务所。

会计师事务所的资本市场业务主要是对公开发行股票的企业进行会计报表审计、净资产验证、咨询服务等相关业务，并出具审计报告、验资报告等，对企业财务状况表示判断意见。

2.1.2.3 金融市场的职能

市场，是提供资源流动和资源配置的场所。在市场中，依靠价格信号引导资源在不同部门之间流动并实现资源配置。而金融市场则是进行资金融通的市场，通过实现借贷资金的集中和分配，完成金融资源的配置过程。

广义的金融市场应当包括所有的融资活动（银行和非银行金融机构的借贷，企业发行股票、债券实现的融资）；包括投资者通过购买股票、债券实现的投资；包括通过租赁、信托、保险等种种途径所进行的资金的集中和分配，等等。狭义的金融市场则是指有价证券交易的场所，如股票市场、债券市场等。

在金融市场上交易的是金融资产，与它相对应的是诸如房屋、土地、设备等实物资产。实物资产的价值取决于它们自身，而金融资产的价值取决于能够给所有者带来的未来收益。实物资产决定了经济的财富状况，但是，金融资产与其得以进行交易的金融市场在发达的经济社会中承担着一些重要的作用，正是金融资产使我们得以创造了经济中的大部分实物资产。

在经济生活中，金融市场有提高资源配置效率、增进社会福利等功能。

（1）提高资源配置效率。

正如前面所述，金融市场的基本经济功能是把资金从盈余单位转移到短缺单位。借款人通过在金融市场上向贷款人出售有价证券，直接向贷款人借入资金，这种不经过金融中介的资金流动方式叫直接融资。比如，一家企业为了扩大生产规模而需要筹集资金时，它可以通过发行股票募集社会上闲散的资金，而投资者购买的股票则代表了他们对这家公司的所有权，这种方式有别于间接融资。

金融市场中的金融中介机构在间接融资中起了很大的作用。如果没有金融市场，资金盈余者和资金短缺者可能永远都无法取得联系。也就是说，没有金融市场，很难将资金从没有投资机会的人手中转移到有投资机会的人手中，这样双方都只能维持现状，而且双方都会有损失。而金融市场帮助实现资金在盈余部门和短缺部门之间的转移，实现资源配置优化。在良好的市场环境和价格信号引导下，可以实现资源的最佳配置。

（2）增进社会福利。

即使人们借入的资金不是用于提高企业生产，金融市场的存在也具有非常重要的意义。比如你刚刚大学毕业，有一份不错的工作，并打算买房。由于积蓄有限，靠自己的力量肯定无法实现购房的梦想，虽然你将来会赚足够多的钱。如果没有金融市场，你只能将购房计划暂时搁置，租住狭小的公寓。

但由于金融市场的存在，拥有足够积蓄的人通过银行可以将他们的积蓄借给你买房，这也就是所谓的分期付款。这样，你不仅可以在年轻的时候实现购房的梦想，出借资金的人也能获得利息收入，从而为整个经济增加生产和提高效率做出了贡献。有效运行的金融市场改善了社会上每个人的经济福利。

2.2 金融市场的分类

2.2.1 金融市场的不同分类方法

金融市场从不同的角度有不同的分类方法，如：

（1）按地理范围可分为：国际金融市场，由经营国际货币业务的金融机构组成，其经营内容包括资金借贷、外汇买卖、证券买卖、资金交易等；国内金融市场，由国内金融机构组成，办理各种货币、证券及作用业务活动，它又分为城市金融市场和农村金融市场，或者分为全国性、区域性、地方性的金融市场。

（2）按经营场所可分为：有形金融市场，指有固定场所和操作设施的金融市场；无形金融市场，以营运网络形式存在的市场，通过电子电讯手段达在交易。

（3）按融资交易期限划分为：长期资金市场即资本市场，主要供应一年以上的中长期资金，如股票与长期债券的发行与流通；短期资金市场即货币市场，是一年以下的短期资金的融通市场，如同业拆借、票据贴现、短期债券及可转让存单的买卖。

货币市场是短期融资市场，期限一般在 1 年以内，这是一个典型的以机构投资人为主的融资市场。货币市场一般没有确定的交易场所，现代货币市场的交易通过计算机网络进行。货币市场按照交易的金融产品不同分为同业拆解市场、短期国债市场、国债回购市场、商业票据市场、银行承兑汇票市场、大额存单市场等。

（4）按交易性质划分为：发行市场，也称一级市场，是借入资金的企业或政府向最初购买者出售新发行有价证券的金融市场，换言之，一级市场是证券发行的市场，它可以增加公司资本；流通市场，也称二级市场，是已经发行、处在流通中的证券的买卖市场，它不会增加资本，只是证券在不同的股东之间流通。

一级市场往往不被公众所了解，这是因为向最初的购买者发行证券是在内部进行的。投资银行是一级市场上协助发行证券的最重要的金融机构。当二级市场发生交易时，发行证券的公司并没有得到新的资金，但不能因此就低估二级市场的功能，在一定程度上来说，二级市场是一级市场能顺利发行的基础。首先，二级市场使金融工具更具有流动性。这些工具的流动性提高后，自身便更加受人欢迎，进而又促进了发行企业在一级市场销售证券。其次，二级市场决定了发行企业在一级市场销售的债券的价格。在一级市场上购买债券的企业，只愿意向发行公司支付它们认为二级市场将为这种证券确定的价格，二级市场上证券价格越高，发行企业在一级市场上出售证券的价格也就越高，从而，它们能够筹措的资金也就越多。一般来说，二级市场的交易量远远大于一级市场。

（5）按交易对象划分为：拆借市场、贴现市场、大额定期存单市场、证券市场、股票市场、债券市场、外汇市场、黄金市场、保险市场。

（6）按交割期限可分为：金融现货市场，融资活动成交后立即付款交割；金融期货市场，投融活动成交后按合约规定在指定日期付款交割。

按照上述各内在联系对金融市场进行科学系统的划分，是进行金融市场有效管理的基础。

2.2.2 主要的金融市场

2.2.2.1 货币市场

（1）概念。

货币市场是短期资金市场，是指融资期限在一年以下的金融市场，是金融市场的重要组成部分。由于该市场所容纳的金融工具，主要是政府、银行及工商企业发行的短期信用工具，具有期限短、流动性强和风险小的特点，在货币供应量层次划分上被置于现金货币和存款货币之后，称之为“准货币”，所以将该市场称为“货币市场”。

（2）货币市场的功能。

货币市场就其结构而言，包括同业拆借市场、票据贴现市场、短期政府债券市场、证券回购市场等。货币市场产生和发展的初始动力是为了保持资金的流动性，它借助于各种短期资金融通工具将资金需求者和资金供应者联系起来，既满足了资金需求者的短期资金需要，又为资金有余者的暂时闲置资金提供了获取盈利的机会。但这只是货币市场的表面功用，将货币市场置于金融市场以至市场经济的大环境中可以发现，货币市场的功能远不止于此。货币市场既从微观上为银行、企业提供灵活的管理手段，使它们在对资金的安全性、流动性、营利性相统一的管理上更方便灵活，又为中央银行实施货币政策以调控宏观经济提供手段，为保证金融市场的发展发挥巨大作用。

①短期资金融通功能。

市场经济条件下的各种经济行为主体客观上有资金盈余方和资金不足方之分，从期间上可分为一年期以上的长期性资金余缺和一年期以内的短期性资金余缺两大类，相对于资本市场（Capital Market）为中长期资金的供需提供服务，货币市场（Money Market）则为季节性、临时性资金的融通提供了可行之径。相对于长期投资性资金需求来说，短期性、临时性资金需求是微观经济行为主体最基本的、也是最经常的资金需求，因为短期的临时性、季节性资金不足是由于日常经济行为的频繁性所造成的，是必然的、经常的，这种资金缺口如果不能得到弥补，就连社会的简单再生产也不能维系，或者只能使商品经济处于初级水平，短期资金融通功能是货币市场的一个基本功能。

②管理功能。

货币市场的管理功能主要是指通过其业务活动的开展，促使微观经济行为主体加强自身管理，提高经营水平和盈利能力。

③政策传导功能。

货币市场具有传导货币政策的功能。众所周知，市场经济国家的中央银行实施货币政策主要是通过再贴现政策、法定存款准备金政策、公开市场业务等的运用来影响市场利率和调节货币供应量以实现宏观经济调控目标的，在这个过程中货币市场发挥了基础性作用。

④促进资本市场尤其是证券市场发展的功能。

货币市场和资本市场作为金融市场的核心组成部分，前者是后者规范运作和发展的物质基础。首先，发达的货币市场为资本市场提供了稳定充裕的资金来源。从资金供给角度看，资金盈余方提供的资金层次是由短期到长期、由临时性到投资性的，因此货币市场在资金供给者和资本市场之间搭建了一个“资金池”，资本市场的参加者必不可少的短期资金可以从货币市场得到满足，而从资本市场退出的资金也能在货币市场找到出路。因此，货币市场和资本市场就如一对“孪生兄弟”，不可偏废于任何一方。其次，货币市场的良性发展减少了由于资金供求变化对社会造成的冲击。从长期市场退下来的资金有了出路，短期游资对市场的冲击力大减，对投机活动实现了最大可能的抑制。因此，只有货币市场发展健全了，金融市场上的资金才能得到合理的配置，从世界上大多数发达国家金融市场的发展历程中可以总结出“先货币市场，后资本市场”是金融市场发展的基本规律。

总之，货币市场在金融市场和市场经济的良性发展中都发挥着重要的作用，是微观主体和宏观经济正常运行的基础环节。但是货币市场功能的正常发挥是需要有前提条件的。货币市场本身的发达和完善是其功能得以发挥的首要前提。其次，货币市场功能的发挥尤其是政策功能的发挥需借助于其他金融市场子市场的发展。货币市场在这个功能的发挥中实际上最早反映中央银行货币政策的变化并通过进一步作用于长期金融市场即资本市场进而作用于更广范围的市场。发达的市场经济是货币市场功能发挥的第三个条件。金融市场本身就是市场经济的产物。在市场经济中，政府通过间接调控的方式对市场和微观经济行为主体进行宏观管理，微观主体成为真正的“经济人”和“理性人”，为满足盈利最大化和效用最大化而进行营运和消费，供求关系成为价格变动的基本因素，价格成为资源配置变化的基本信号，发达的市场经济本身既需要货币市场，同时又为货币市场的发展提供良好的外部环境。

2.2.2.2 资本市场

（1）概念。

资本市场是长期资金市场，是指证券融资和经营一年以上的资金借贷和证券交易的场所，也称中长期资金市场。

（2）资本市场的类型。

在资本市场上，资本出让的合同期一般在一年以上，这是资本市场与短期的货币市场和衍生市场的区别。

资本市场可以分一级市场和二级市场：在一级市场上新的吸收资本的证券发行并被投资者需求，在二级市场上已经发行的证券易手。

资本市场按融通资金方式的不同，又可分为银行中长期信贷市场和证券市场。银行中长期信贷市场是一种国际银行提供中长期信贷资金的场所，为需要中长期资金的政府和企业提供资金便利。这个市场的需求者多为各国政府和工商企业。一般1~5年的称为中期信贷，5年以上的称为长期信贷。资金利率由诸如经济形势、资金供求量、通货膨胀和金融政策等因素多方面决定，一般是在伦敦同业拆放利率基础上加一定的幅度。该市场的贷款方式，有双边贷款和多边贷款之分。证券市场是指证券发行与流通的场所。发行证券的目的在于筹措长期资本，是长期资本借贷的一种方式。证券市场是金融市场的重要组成部分。

（3）资本市场的功能。

①筹资—投资功能。

资本市场的筹资—投资功能是指资本市场一方面为资金需求者提供了通过发行证券筹集资金的机会，另一方面为资金供给者提供了投资对象。在资本市场上交易的任何证券，既是筹资的工具，也是投资的工具。在经济运行过程中，既有资金盈余者，又有资金短缺者。资金盈余者为使自己的资金价值增值，必须寻找投资对象；而资金短缺者为了发展自己的业务，就要向社会寻找资金。为了筹集资金，资金短缺者可以通过发行各种证券来达到筹资的目的，资金盈余者则可以通过买入证券而实现投资。筹资和投资是资本市场的基本功能不可分割的两个方面，忽视其中任何一个方面都会导致市场产生严重的缺陷。

②定价功能。

资本市场的第二个基本功能就是为资本决定价格。证券是资本的表现形式，所以证券的价格实际上是证券所代表的资本的价格。证券的价格是证券市场上证券供求双方共同作用的结果。证券市场的运行形成了证券需求者和证券供给者的竞争关系，这种竞争的结果是：能产生高投资回报的资本，市场的需求就大，相应地，证券价格就高；反之，证券的价格就低。因此，证券市场提供了资本的合理定价机制。

③资本配置功能。

资本市场的资本配置功能是指通过证券价格引导资本的流动从而实现资本的合理配置的功能。资本市场由于存在强大的评价、选择和监督机制，而投资主体作为理性经济人，始终具有明确的逐利动机，从而促使资金流向高效益部门，表现出资源优化配置的功能。

④产权功能。

资本市场的产权功能是指其对市场主体的产权约束和充当产权交易中介方面所发挥的功能。产权功能是资本市场的派生功能，它通过对企业经营机制的改造、为企业提供资金融通、传递产权交易信息和提供产权中介服务而在企业产权重组的过程中发挥着重要的作用。

2.2.2.3 外汇市场

（1）概念。

外汇市场，是指在国际从事外汇买卖，调剂外汇供求的交易场所。它的职能是经营货币商品，即经营不同国家的货币。

（2）外汇市场的分类。

作为外汇交易的场所，外汇市场从组织形式上看，可以分为两类。一类是有固定交易场所的有形市场，如法国的巴黎、德国的法兰克福、比利时的布鲁塞尔等市场。在这种市场上，外汇交易者均按规定时间到交易所进行交易。另一类是没有固定交易场所的无形市场，外汇交易外墙由交易者通过电话、电报、电传等通信工具进行。世界上大多数外汇交易，如伦敦、纽约、新加坡、中国香港等市场，都没有固定交易场所。即使在有形市场中，许多交易也是通过各种通信工具完成的。所以，现代的外汇交易市场已经成为人们进行外汇交易的一个遍及全世界的电信网络。

（3）外汇市场的功能。

外汇市场的功能主要表现在三个方面，一是实现购买力的国际转移，二是提供资金融通，三是提供外汇保值和投机的市场机制。

①实现购买力的国际转移。

国际贸易和国际资金融通至少涉及两种货币，而不同的货币对不同的国家形成购买力，这就要求将本国货币兑换成外币来清理债权债务关系，使购买行为得以实现。而这种兑换就是在外汇市场上进行的。外汇市场所提供的就是这种购买力转移交易得以顺利进行的经济机制，它的存在使各种潜在的外汇售出者和外汇购买者的意愿能联系起来。当外汇市场汇率变动使外汇供应量正好等于外汇需求量时，所有潜在的出售和购买愿望都得到了满足，外汇市场处于平衡状态之中。这样，外汇市场提供了一种购买力国际转移机制。同时，由于发达的通信工具已将外汇市场在世界范围内联结成一个整体，使得货币兑换和资金汇付能够在极短时间内完成，购买力的这种转移变得迅速和方便。

②提供资金融通。

外汇市场向国际交易者提供了资金融通的便利。外汇的存贷款业务集中了各国的社会闲置资金，从而能够调剂余缺，加快资本周转。外汇市场为国际贸易的顺利进行提供了保证，当进口商没有足够的现款提货时，出口商可以向进口商开出汇票，允许延期付款，同时以贴现票据的方式将汇票出售，拿回货款。外汇市场便利的资金融通功能也促进了国际借贷和国际投资活动的顺利进行。美国发行的国库券和政府债券中很大部分是由外国官方机构和企业购买并持有的，这种证券投资在脱离外汇市场的情况下是不可想象的。

③提供外汇保值和投机的机制。

在以外汇计价成交的国际经济交易中，交易双方都面临着外汇风险。由于市场参与者对外汇风险的判断和偏好的不同，有的参与者宁可花费一定的成本来转移风险，而有的参与者则愿意承担风险以实现预期利润。由此产生了外汇保值和外汇投机两种不同的行为。在金本位和固定汇率制下，外汇汇率基本上是平稳的，因而就不会形成外汇保值和投机的需要及可能。而在浮动汇率下，外汇市场的功能得到了进一步的发展，外汇市场的存在既为套期保值者提供了规避外汇风险的场所，又为投机者提供了承担风险、获取利润的机会。

3 资产类别与金融投资工具

构建投资组合时，首先要决定分配到各个资产大类中的货币金额，如银行存款、长期债券或股票，这个过程叫作资产配置。在每一资产大类中选择具体的资产进行投资，这一过程叫作证券选择。

通过学习上一章我们知道，金融市场主要分为货币市场、金融市场、外汇市场等。本章主要介绍货币市场工具（主要为短期金融工具）、资本市场工具以及金融衍生工具。

3.1 货币市场工具

3.1.1 货币市场工具的概念

所谓货币市场工具，是指期限小于或等于1年的债务工具，它们具有很高的流动性，属固定收入证券的一部分。由于这些证券的交易在许多情况下是大宗交易，个人投资者难以参与这些证券的买卖，他们是通过货币市场基金来间接参与这些证券的投资的。货币市场工具包括短期的、变现能力强的、流动性强的、风险低的债务证券。正是由于这些特征，货币市场工具有时被称为现金等价物，或简称为现金。

3.1.2 货币市场工具的分类

主要的货币市场工具由短期国债、大额可转让存单、商业票据、银行承兑汇票、回购协议和其他货币市场工具构成。

（1）短期国债。

短期国债是一国政府为满足先支后收所产生的临时性资金需要而发行的短期债券。短期国债在英美称为国库券，英国是最早发行短期国债的国家。

短期国债的特点：

①风险最低。短期国债是政府的直接负债，政府在一国有最高的信用地位，一般不存在到期无法偿还的风险，因此，投资者通常认为投资于短期国债基本上没有风险。

②高度流动性。由于短期国债的风险低、信誉高，工商企业、金融机构、个人都乐于将短期资金投资到短期国债上，并以此来调节自己的流动资产结构，为短期国债创造了十分便利和发达的二级市场。

③期限短，基本上是1年以内，大部分为半年以内。

④短期国债的种类按期限划分，有3个月、6个月、9个月和12个月等；按付息方式，可分为贴现国债和附息国债，短期国债大部分为贴现国债。

（2）大额可转让存单。

大额可转让定期存单亦称大额可转让存款证，是银行印发的一种定期存款凭证，凭证上印有一定的票面金额、存入和到期日以及利率，到期后可按票面金额和规定利率提取全部本利，逾期存款不计息。大额可转让定期存单可流通转让，自由买卖。

大额可转让定期存单的特点：

大额可转让定期存单，是银行发行的到期之前可转让的定期存款凭证。通常不记名，不能提前支取，可以在二级市场上转让；大额存单按标准单位发行，面额较大；发行者多是大银行；期限多在1年以内。大额存单是银行存款的证券化。

（3）商业票据。

商业票据指发行体为满足流动资金需求所发行的、期限为2~270天的、可流通转让的债务工具。票据是具有一定格式、载明金额和日期、到期由付款人对持票人或指定人无条件支付一定款项的信用凭证。商业票据一般是指商业上由出票人签发，无条件约定自己或要求他人支付一定金额，可流通转让的有价证券，持有人具有一定权利的凭证。

商业票据的种类：①短期票据，是货币市场中的短期信用工具，最短期限是30天，最长是270天；②单名票据，发行时只需一个人签名就可以了；③融通票据，为短期周转资金而发行；④大额票据，面额是整数，多数以10万美元为倍数计算；⑤无担保票据，不须担保品和保证人，只需靠公司信用担保；⑥市场票据，以非特定公众为销售对象；⑦大公司票据，只有那些财务健全、信用卓著的大公司才能发行商业票据；⑧贴现票据，以贴现的方式发行，即在发行时先预扣利息。

商业票据的特点：①票据是具有一定权利（付款请求权、追索权）的凭证；②票据的权利与义务是不存在任何原因的，只要持票人拿到票据后，就已经取得票据所赋予的全部权利；③各国的票据法都要求对票据的形式和内容保持标准化和规范化；④票据是可流通的证券，除了票据本身的限制外，票据是可以凭背书和交付而转让。

（4）银行承兑汇票。

银行承兑汇票是由在承兑银行开立存款账户的存款人出票，向开户银行申请并经银行审查同意承兑的，保证在指定日期无条件支付确定的金额给收款人或持票人的票据。对出票人签发的商业汇票进行承兑是银行基于对出票人资信的认可而给予的信用支持。我国的银行承兑汇票每张票面金额最高为1 000万元（含）。银行承兑汇票按票面金额向承兑申请人收取万分之五的手续费，不足10元的按10元计。承兑期限最长不超过6个月。承兑申请人在银行承兑汇票到期未付款的，按规定计收逾期罚息。

（5）回购协议。

回购协议是指以有价证券作为抵押的短期资金融通，在形式上表现为附有条件的证券买卖。一般地，用于回购协议的证券都是政府债券。在具体的操作当中，通常由出售方向回购方暂时售出一笔国债，同时双方签订回购协议，约定在一定的时间后出售方再以稍高一点的价格赎回，或者约定以原价赎回，但是要支付一些费用作为补偿。

回购协议方式的特点：

①将资金的收益与流动性融为一体，增大了投资者的兴趣。投资者完全可以根据自己的资金安排，与借款者签订“隔日”或“连续合同”的回购协议，在保证资金可以随时收回移作他用的前提下，增加资金的收益。

②增强了长期债券的变现性，避免了证券持有者因出售长期资产以变现而可能带来的损失。

③具有较强的安全性。回购协议一般期限较短，并且又有100%的债券作为抵押，所以投资者可以根据资金市场行情变化，及时抽回资金，避免长期投资的风险。

④较长期的回购协议可以用来套利。如银行以较低的利率用回购协议的方式取得资金，再以较高利率贷出，可以获得利差。

（6）其他货币市场工具

①同业拆借资金。

同业拆借资金是用于弥补金融中介机构短期资金的不足、票据清算的差额以及解决临时性的资金短缺的需要。同业拆借资金通过同业拆借市场进行流通。

同业拆借的特点：首先，同业拆借市场的资金的交易期限比较短，如果期限只有一天，就被称为隔夜拆借；其次，同业拆借市场的目的是为了向金融中介机构提供流动性保障，调剂头寸，而不是像一般的用于投资实物生产的贷款；最后，同业拆借的主体都是信誉良好的金融中介机构，因此手续简便，也不需要担保。

美国的联邦基金就是一种同业拆借资金，联邦基金是在联邦储备银行存款的存款机构的隔夜贷款。相应地，美国有联邦基金市场，为银行间互相拆借提供了便利。在英国，也有伦敦同业拆借市场，为各家银行头寸调剂提供了流动性保障。

②欧洲美元。

欧洲美元是指以美元为面值而不是以当地货币，如以英镑、欧元为面值存在外国银行或美国银行在国外分支行的存款（常为定期存款）。

3.2 资本市场工具

在本节内容中，主要介绍两种资本市场工具，即股票和债券。股票是股份公司发给股东作为已投资入股的证书。债券是表明债权、债务关系的一种凭证。债券与股票不同，它不是持有者投资入股的凭证，而是发行者出具的借款凭证。对发行者来说，两者均为筹集资金的手段，在使用这两种证券提供的资金时，都要付出一定的代价。对于投资者来说，两者皆为投资工具，投资者都可以按期取得一定的报酬。

股票和债券两者之间存在着根本的区别。从性质上来看，股票代表股份资本的所有权。股票持有人作为股份公司的股东，在法律上有权参与企业经营管理和利润分配。而债券所表示的只是一种债权，其实质是持券人对公司的一种证券化的长期贷款。债券持有人同股份公司之间只是债权和债务关系，无权参与企业管理和利润分红，也不承担企业的任何债务责任。

3.2.1 股票

（1）什么是股票。

股票是有价证券的一种主要形式，是指股份有限公司签发的证明股东所持股份的凭证。从这个定义可以看出，股票有三个基本要素：发行主体、股份、持有人。股票作为一种所有权凭证，具有一定的格式。

股份是股份有限公司资本的表现形式。股份的含义有三层：第一，股份是股份有限公司资本的构成成分；第二，股份代表了股份有限公司股东的权利和义务；第三，股份可以通过股票价格的形式表现其价值。

股票作为股份公司发行的权益凭证，代表持有者对公司资产和收益的剩余索取权。所谓剩余索取权，就是说股东的权益在利润和资产分配上表现为在公司偿还债务后，才能索取剩余的收益。比如，某公司今年没有偿还银行贷款前的净利润是500万元，公司需要偿还的银行贷款总额是200万元，那么，对于公司的股东来说，公司必须先拿出200万元还清银行贷款，剩余的300万元才能算作股东的财富，用于再投资或发放股息。又比如，在公司清算破产的时候，公司在破产时的资产往往都被拿去拍卖，拍卖所得的钱款必须先用来偿还公司还没有支付的债务，其余的才能用来补偿股东。如果企业拍卖所得钱款还不足以偿还债务，股东就什么也得不到。

（2）股票的主要特点。

①永久性，股票一旦发售，持有者不能把股票退回给公司，只能通过在证券市场上出售而收回本金。股票发行公司不仅可以回购甚至全部回购已发行的股票，从股票交易所退出，而且可以重新回到非上市企业。理解股票的永久性应该注意两点：其一，购买股票虽然属于永久性投资，但从其流动性特征可以看出，股票持有者可以通过出售股票转让其股东身份；其二，一旦股份有限公司不再存在，其发行的股票就分文不值。

②风险性，购买股票是一种风险投资。股票可能产生经济利益损失的特性，即持有股票要承担一定的风险。股票风险的内涵是预期收益的不确定性。从理论上讲，股票收益的大小与风险大小可能成正比，但并非风险越高，收益就越大。

③流通性，股票作为一种资本证券，是一种灵活有效的集资工具和有价证券，可以在证券市场上通过自由买卖、自由转让进行流通。

④收益性，这是股票的最基本特征，指持有股票可以为投资者带来收益的特性。持有股票的目的在于获取收益。股票的收益可以分为两类：第一类来自股份有限公司的股息和红利；第二类来自资本利得，即股票持有者持股票到市场上进行交易，当股票的市场价格高于买入价格时，卖出股票就可以赚取差价收益，这种差价收益就称为资本利得。

⑤参与性，股票持有人有权参与公司重大决策的特性。

⑥波动性，股票交易价格经常性变化，或者说与股票票面价值经常不一致。

（3）股票的分类。

对股票可以从不同的角度进行多种不同的分类。

第一，按股东承担风险程度和享有分红权利的不同，分为普通股票和优先股票。

普通股票是在公司利润分配方面享有普通权利的股份，它是股份有限公司发行的最常见、最重要的一种股票。普通股是风险最大的股票，其获利水平与公司盈亏息息相关。但股票持有者有通过选举担任公司董事、监事的机会，有参加公司管理的权力，股东大会选举权是根据普通股的股数计算的。

优先股票是在公司利润分配方面较普通股有优先权的股份。持优先股票的股东，可以按一定的比率取得固定股息。股息不随企业经营状况好坏而波动，并且公司对优先股股东的付息要在普通股之前。在企业倒闭时，优先股能优先得到剩余的可分配给股东的那部分财产。在一般情况下，优先股持有者不能参与公司的经营管理，在股东大会上也没有投票权。

普通股与优先股的不同可以概括为：

①在分配公司利润时，优先股股东可先于普通股且以约定的比率进行分配。

②当股份有限公司因解散、破产等原因进行清算时，优先股股东可先于普通股股东分取公司的剩余资产。

③优先股股东一般不享有公司经营权，即优先股股票不包含表决权，优先股股东无权过问公司的经营管理，但在涉及优先股股票所保障的股东权益时，优先股股东可发表意见并享有相应的表决权。

④优先股股票可由公司赎回。由于股份有限公司需向优先股股东支付固定的股息，优先股股票实际上是股份有限公司的一种举债集资的行式，但优先股股票又不同于公司债券和银行贷款，这是因为优先股股东分取收益和公司资产的权利只能在公司满足了债权人的要求之后才能行使。优先股股东不能要求退股，却可以依照优先股股票上所附的赎回条款，由股份有限公司予以赎回。大多数优先股股票都附有赎回条款。

第二，按股票是否记名，分为记名股票和不记名股票。

记名股票是在股票上记载着股东姓名，并将其列入公司股东名册的一种股票。记名股票转让时，要把受让人姓名记入股票，并列入公司股东名册，方能生效。

不记名股票是在股票上不记载股东姓名的股票。凡持有股票者即为股东。股票转让比较自由，只要把股票交给受让人，就产生转让效力。

第三，按股东享有投票权的不同，分为无权股票和多权股票。

无权股票是股东完全没有投票权的股票。

多权股票是每张股票有若干投票权的股票。发行多权股票的目的是为了便于少数大股东控制股份公司。

第四，按股票上是否标明金额，分为有票面金额股票与无票面金额股票。

有票面金额股票在股票票面记载有一定的金额，即票面价值。

无票面金额股票在股票票面上不载明金额，只标明每股占公司资本总额的比例，其价值随公司所有者权益的增减而增减。无票面金额股票在美国比较常见。

我国目前股票的分类与国际上通行的分类办法有所不同。其中，按持有主体分为国家股、法人股和个人股。按发行和交易范围分为人民币股票（即 A 种股票）和人民币特种股票（即 B 种股票）。在内地注册的股份有限公司向境外投资人募集并在境外上市的股票，依据上市地点的不同，有“H”股（香港联交所上市）、“N”股（纽约证券交易所上市）、“S”股（新加坡上市）等名称。

此外，还有红筹股和蓝筹股的称谓。我国香港地区和国际投资者把在境外注册并在香港上市的那些有中国内地概念或背景的股票，称为红筹股，如“上海实业”“北京控股”等，就是较著名的红筹股。而所谓蓝筹股，是指在股票市场上，业绩优良、成交活跃、红利优厚，并在其所属行业内占有重要支配性地位的那些大公司的股票，如美国通用汽车公司、埃克森石油公司和杜邦化学公司等股票，是当今纽约股市的蓝筹股。

股票只是一种财产所有权的凭证，本身并没有价值。所谓股票价格，又称股票行市，是指在证券市场上买卖股票的价格。

3.2.2 债券

(1) 什么是债券。

债券是债务人在筹集资金时，按照法定程序发行，向债权人承诺按约定利率和日期支付利息，并在特定日期偿还本金，从而明确债券债务关系的有价证券。债券是确定债券债务关系的书面凭证，债券的发行人即为债务人，投资者则为债权人。债券虽是表示债券债务关系的书面凭证，却与一般的借贷凭证不同，它是借贷关系的证券化，因而可向任何第三者自由转卖，由此成为资本市场的交易工具。

债券属于有价证券。首先，债券反映和代表一定的价值。债券本身有一定的面值，通常它是债券投资者投入资金的量化表现；而且，持有债券可按期取得利息，利息也是债券投资者收益的价值表现。其次，债券与其代表的权利联系在一起，拥有债券也就拥有了债券所代表的权利，转让债券也就将债券代表的权利一并转移。

债券是一种虚拟资本。债券尽管有面值，代表了一定的财产价值，但它也只是一种虚拟资本，而非真实资本。因为债券的本质是证明债券债务关系的证书，在债券债务关系建立时所投入的资金已被债务人占用，因此，债券是实际运用的真实资本的证书。债券的流动性意味着它所代表的实际资本也同样流动，债券独立于实际资本之外。

债券是债权的表现。债券代表债券投资者的权利，这种权利不是直接支配财产，也不以资产所有权表现，而是一种债权。拥有债券的人是债权人，债权人不同于财产所有人。以公司为例，在某种意义上，财产所有人可以视作公司的内部构成分子，而债权人是与公司相对立的。债权人除了按期取得本息以外，对债务人不能做其他干预。

(2) 债券的基本要素。

债券尽管种类多种多样，但是在内容上都要包含一些基本的要素。这些要素是指发行的债券上必须载明的基本内容，这是明确债权人和债务人权利与义务的主要约定，具体包括：

①票面价值。

债券的面值是指债券的票面价值，是发行人对债券持有人在债券到期后应偿还的本金数额，也是企业向债券持有人按期支付利息的计算依据。债券的面值与债券实际的发行价格并不一定是一致的，发行价格大于面值称为溢价发行，小于面值称为折价发行。

②偿还期。

债券偿还期是指企业债券上载明的偿还债券本金的期限，即债券发行日至到期日之间的时间间隔。公司要结合自身资金周转状况及外部资本市场的各种影响因素来确定公司债券的偿还期。

③付息期。

债券的付息期是指企业发行债券后的利息支付的时间。它可以是到期一次支付，或1年、半年或者3个月支付一次。在考虑货币时间价值和通货膨胀因素的情况下，付息期对债券投资者的实际收益有很大影响。到期一次付息的债券，其利息通常是按单利计算的；而年内分期付息的债券，其利息是按复利计算的。

④票面利率。

债券的票面利率是指债券利息与债券面值的比率，是发行人承诺以后一定时期支付给债券持有人报酬的计算标准。债券票面利率的确定主要受到银行利率、发行者的资信状况、偿还期限和利息计算方法以及当时资金市场上资金供求情况等因素的影响。

⑤发行人名称。

发行人名称指明债券的债务主体，为债权人到期追回本金和利息提供依据。

上述要素是债券票面的基本要素，但在发行时并不一定全部在票面印制出来，例如，在很多情况下，债券发行者是以公告或条例形式向社会公布债券的期限和利率。

(3) 债券的特征。

债券作为一种债权债务凭证，与其他有价证券一样，也是一种虚拟资本，而非真实资本，它是经济运行中实际运用的真实资本的证书。

债券作为一种重要的融资手段和金融工具具有如下特征：

①偿还性。

偿还性是指债权发行人在约定的期限内向债权人偿还本金和利息的特性。当国家、地方政府、金融机构和企业等主体发行了债券后，就要承担相应的义务，在约定的期限按照约定的条件向债权人偿还本金和利息。因此，债务人不能无限期地占用债券人的资金，一旦债务人偿还了债权人的全部本息后，两者之间的资金借贷关系便宣告结束。

②流动性。

债券一般都可以在流通市场上自由转让。流动性就是指债权持有者可根据自己的需要在证券市场上卖出债券收回本金的特性。决定或影响债券流动性的主要因素是发行人的信誉、债券的利率与期限、债券市场的发达程度等。

③安全性。

安全性是指债券的持有人所获得的收益相对固定，能够按期收回本金，并且不随发行者经营状况的变化而变化。首先，由于债券要经过一套严格的资信审查程序，以及相关部门担保并经有关管理机关批准后才能发行，在一定程度上降低了债券的风险；其次，债券利率是事先确定的，一般不受市场利率变化的影响，投资者的收益是固定的；再次，债券的收益不随发行者经营状况的变动而变动，具有较高的稳定性；最后，债券明确规定了偿还期限，债券持有者可按期收回本金。总而言之，与股票相比，债券通常规定有固定的利率，它与企业绩效没有直接联系，收益比较稳定，风险较小。此外，在企业破产时，债券持有者享有优先于股票持有者对企业剩余资产的索取权。

④收益性。

收益性是指债券具有给投资者带来一定收益的特性。在现实的经济活动中，债券的收益性主要表现在两个方面，一是投资债券可以给投资者定期或不定期地带来利息收入；二是投资者可以利用债券价格的变动，买卖债券赚取差额。总的来说，债券的收益高于银行同期存款利息收入而低于股票投资收益。从债券自身状况来看，不同类型的债券其收益不同。一般情况下，流动性高的债券收益低；流动性差、风险性大的债券收益高。

（4）债券的分类。

按照不同的分类依据，债券有不同的分类方法。

第一，按照发行主体将债券分为公司债券、政府债券、不动产抵押债券和金融债券四种。

①公司债券。

公司债券是公司为筹措资金而发行的借款凭证。债券的持有人同公司之间是普通债权债务关系，每年可以从公司获取固定的利息收入，且利息分配顺序优先于股东。公司破产清理资产时，债券持有者也优先于股东收回本金。同时，公司债券与政府债券或金融债券相比，风险较大；公司债券是企业的资本构成之一，企业的资本构成包括长期债务、普通股和优先股股票。公司债券的还本付息依赖于公司的经营业绩，从理论上讲，它的违约风险比政府债券和金融债券要大一些（即其风险性大于国债小于股票），所以公司债券的利率通常较国债高一些。公司债券是公司对外举债的主要方式之一。一般情况下，债券的利息支出可以在税前列支，免缴所得税。此外，发行债券不会影响所有者对公司的控制权，即企业债券持有人不参与经营管理，不危及企业的管理决策权，只要按照票面利率获得固定的利息收入。但是，当债券到期时，公司的偿债压力较大。

②政府债券。

政府债券是政府为筹集资金而发行的债券，主要包括国债、地方政府债券等，其中最主要的是国债。国债是政府出具的借款凭证，是国家信用的工具。国债的持有者可按规定向国家政府取得利息，到期交出债券，收回本金。国债因其信誉好、利率优、风险小而又被称为“金边债券”。除了政府部门直接发行的债券外，有些国家把政府担保的债券也划归为政府债券体系，称为政府保证债券。这种债券由一些与政府有直接关系的公司或金融机构发行，并由政府提供担保。

中国历史上发行的国债主要品种有国库券和国家债券，其中国库券自 1981 年后基本上每年都发行，主要对企业、个人等发行；国家债券曾经发行包括国家重点建设债券、国家建设债券、财政债券、特种债券、保值债券、基本建设债券，这些债券大多对银行、非银行金融机构、企业、基金等定向发行，部分也对个人投资者发行。向个人发行的国库券利率基本上根据银行利率制定，一般比银行同期存款利率高 1~2 个百分点。在通货膨胀率较高时，国库券也采用保值办法。

③不动产抵押债券。

不动产抵押券是不动产抵押银行为筹集用于发放不动产抵押贷款的资金而发行的一种有价证券。这种债券期限长、利率高，可以在证券市场上买卖，持券人有权按规定向不动产抵押银行取得利息和到期收回本金。

④金融债券。

金融债券是金融机构发行的债券。发行的目的在于筹集资金，作为补充资本金（附属资本）或扩大放款的资金来源。目前我国金融债券主要由国家开发银行、进出口银行等政策性银行发行。金融机构一般有雄厚的资金实力，信用度较高，因此金融债券往往有良好的信誉。

第二，按财产担保将债券划分为抵押债券和信用债券两种。

①抵押债券。

抵押债券是以企业财产作为担保的债券，按抵押品的不同又可以分为一般抵押债券、不动产抵押债券、动产抵押债券和证券信托抵押债券。以不动产如房屋等作为担保品，称为不动产抵押债券；以动产如适销商品等作为提供品的，称为动产抵押债券；以有价证券如股票及其他债券作为担保品的，称为证券信托债券。一旦债券发行人违约，信托人就可将担保品变卖处置，以保证债权人的优先求偿权。

②信用债券。

信用债券是不以任何公司财产作为担保，完全凭信用发行的债券。政府债券属于此类债券。这种债券由于其发行人的绝对信用而具有坚实的可靠性。除此之外，一些公司也可发行这种债券，即信用公司债。与抵押债券相比，信用债券的持有人承担的风险较大，因而往往要求较高的利率。为了保护投资人的利益，发行这种债券的公司往往受到种种限制，只有那些信誉卓著的大公司才有资格发行。除此以外，在债券契约中都要加入保护性条款，如不能将资产抵押其他债权人、不能兼并其他企业、未经债权人同意不能出售资产、不能发行其他长期债券等。

第三，按债券形态将债券划分为实物债券、凭证式债券、记账式债券三种。

①实物债券（无记名债券）。

实物债券是一种具有标准格式实物券面的债券。它与无实物票券相对应，简单地说就是发给你的债券是纸质的而非电脑里的数字。

在其券面上，一般印制了债券面额、债券利率、债券期限、债券发行人全称、还本付息方式等各种债券票面要素。其不记名，不挂失，可上市流通。实物债券是一般意义上的债券，很多国家通过法律或者法规对实物债券的格式予以明确规定。实物债券由于其发行成本较高，将会被逐步取消。

②凭证式债券。

凭证式国债是指国家采取不印刷实物券，而用填制“国库券收款凭证”的方式发行的国债。我国从1994年开始发行凭证式国债。凭证式国债具有类似储蓄、又优于储蓄的特点，通常被称为“储蓄式国债”，是以储蓄为目的的个人投资者理想的投资方式。从购买之日起计息，可记名、可挂失，但不能上市流通。与储蓄类似，但利息比储蓄高。

③记账式债券。

记账式债券指没有实物形态的票券，以电脑记账方式记录债权，通过证券交易所的交易系统发行和交易。我国近年来通过沪、深交易所的交易系统发行和交易的记账式国债就是这方面的实例。如果投资者进行记账式债券的买卖，就必须在证券交易所设立账户。所以，记账式国债又称无纸化国债。

记账式国债购买后可以随时在证券市场上转让，流动性较强，就像买卖股票一样，当然，中途转让除可获得应得的利息外（市场定价已经考虑到），还可以获得一定的价差收益（不排除损失的可能）。这种国债有付息债券与零息债券两种，付息债券按票面发行，每年付息一次或多次；零息债券折价发行，到期按票面金额兑付，中间不再计息。

由于记账式国债发行和交易均无纸化，所以交易效率高，成本低，是未来债券发展的趋势。

记账式国债与凭证式国债有何区别？

a. 在发行方式上，记账式国债通过电脑记账、无纸化发行，而凭证式国债是通过纸质记账凭证发行；

b. 在流通转让方面，记账式国债可自由买卖，流通转让也较方便、快捷。凭证式国债只能提前兑取，不可流通转让，提前兑取还要支付手续费；

c. 在还本付息方面，记账式国债每年付息，可当日通过电脑系统自动到账，凭证式国债是到期后一次性支付利息，客户需到银行办理；

d. 在收益性上，记账式国债要略好于凭证式国债，通常记账式国债的票面利率要略高于相同期限的凭证式国债。

第四，按债券能否转换将债券划分为可转换债券和不可转换债券两种。

①可转换债券。

可转换债券是指在特定时期内可以按某一固定的比例转换成普通股的债券，它具有债务与权益双重属性，属于一种混合性筹资方式。由于可转换债券赋予债券持有人将来成为公司股东的权利，因此其利率通常低于不可转换债券。若将来转换成功，在转换前发行企业达到了低成本筹资的目的，转换后又可节省股票的发行成本。根据《公司法》的规定，发行可转换债券应由国务院证券管理部门批准，发行公司应同时具备发行公司债券和发行股票的条件。

目前在沪、深证券交易所上市的可转换债券是指能够转换成股票的企业债券，兼有股票和普通债券双重特征。它的一个重要特征就是有转股价格。在约定的期限后，投资者可以随时将所持的可转换债券按股价转换成股票。可转换债券的利率是年均利息对票面金额的比率，一般要比普通企业债券的利率低，通常发行时以票面价发行。转换价格是转换发行的股票每一股所要求的公司债券票面金额。

②不可转换债券。

不可转换债券是指不能转换为普通股的债券，又称为普通债券。由于其没有赋予债券持有人将来成为公司股东的权利，所以其利率一般高于可转换债券。

第五，按付息的方式将债券划分为零息债券、固定利率债券和浮动利率债券三种。

①零息债券。

零息债券，也叫贴现债券，是指债券券面上不附有息票，在票面上不规定利率，发行时按规定的折扣率，以低于债券面值的价格发行，到期按面值支付本息的债券。从利息支付方式来看，贴现国债以低于面额的价格发行，可以看作是利息预付，因而又可称为利息预付债券、贴水债券。它是期限比较短的折现债券。

②固定利率债券。

固定利率债券是将利率印在票面上并按其向债券持有人支付利息的债券。该利率不随市场利率的变化而调整，因而固定利率债券可以较好地抵制通货紧缩风险。

③浮动利率债券。

浮动利率债券的息票率是随市场利率变动而调整的利率。因为浮动利率债券的利率同当前市场利率挂钩，而当前市场利率又考虑到了通货膨胀率的影响，所以浮动利率债券可以较好地抵制通货膨胀风险。其利率通常根据市场基准利率加上一定的利差来确定。浮动利率债券往往是中长期债券。

第六，按是否能够提前偿还将债券划分为可赎回债券和不可赎回债券两种。

①可赎回债券。

可赎回债券是指在债券到期前，发行人可以以事先约定的赎回价格收回的债券。公司发行可赎回债券主要是考虑到公司未来的投资机会和回避利率风险等问题，以增加公司资本结构调整的灵活性。发行可赎回债券最关键的问题是赎回期限和赎回价格的制定。

②不可赎回债券。

不可赎回债券是指不能在债券到期前收回的债券。

第七，按偿还方式不同将债券划分为一次到期债券和分期到期债券两种。

①一次到期债券。

一次到期债券是发行公司于债券到期日一次偿还全部债券本金的债券。

②分期到期债券。

分期到期债券可以减轻发行公司集中还本的财务负担。

第八，按计息方式将债券划分为单利债券、复利债券和累进利率债券三种。

①单利债券。

单利债券指在计息时，不论期限长短，仅按本金计息，所生利息不再加入本金计算下期利息的债券。

②复利债券。

复利债券与单利债券相对应，指计算利息时，按一定期限将所生利息加入本金再计算利息，逐期滚算的债券。

③累进利率债券。

累进利率债券是指年利率以利率逐年累进方法计息的债券。累进利率债券的利率随着时间的推移，后期利率比前期利率更高，呈累进状态。

第九，按债券是否记名将债券划分为记名债券和无记名债券两种。这种分类类似于记名股票与无记名股票的划分。在公司债券上记载持券人姓名或名称的为记名公司债券；反之为无记名公司债券。两种债券在转让上的差别也与记名股票、无记名股票相似。

第十，按是否上市流通将债券划分为上市债券和非上市债券两种。

①上市债券。

上市债券就是指可以在流通市场上交易的债券。上市债券信用度高，价值高，且变现速度快，故而容易吸引投资者，但上市条件严格，并要承担上市费用。

根据沪、深证券交易所关于上市企业债券的规定，企业债券发行的主体可以是股份公司，也可以是有限责任公司。申请上市的企业债券必须符合以下条件：

a. 经国务院授权的部门批准并公开发行；股份有限公司的净资产额不低于人民币三千万元，有限责任公司的净资产额不低于人民币六千万元；

b. 累计发行在外的债券总面额不超过企业净资产额的百分之四十；

c. 最近三年平均可分配利润足以支付债券一年的利息；

d. 筹集资金的投向符合国家产业政策及发行审批机关批准的用途；

e. 债券的期限为一年以上；

f. 债券的利率不得超过国务院限定的利率水平；

g. 债券的实际发行额不少于人民币五千万元；

h. 债券的信用等级不低于 A 级；

i. 债券有担保人担保，其担保条件符合法律、法规规定；资信为 AAA 级且债券发行时主管机关同意豁免担保的债券除外；

j. 公司申请其债券上市时仍符合法定的债券发行条件；交易所认可的其他条件。

②非上市债券。

非上市债券就是指不允许在流通市场上交易的债券。它不能自由转让，可以记名，也可以不记名。

第十一，按偿还期限长短将债券划分为短期债券、中期债券和长期债券三种。

①短期债券。

短期债券是指偿还期限为 1 年或 1 年以内的债务，它具有周转期短及流动性强的特点，在货币市场上占有重要地位。

②中期债券。

中期债券是指偿还期在 1 年以上、10 年以下的债券。

③长期债券。

长期债券是指偿还期限在 10 年或 10 年以上的债券，一般被用作政府投资的来源，在资本市场上有着重要地位。

第十二，按募集方式将债券划分为公募债券和私募债券。

①公募债券。

公募债券指按法定手续，经证券主管机构批准在市场上公开发行的债券，其发行对象是不限定的。这种债券的认购者可以是社会上的任何人。发行者一般有较高的信誉。除政府机构、地方公共团体外，一般企业必须符合规定的条件才能发行公募债券，这种债券由于发行对象是广大的投资者，因而要求发行者必须遵守信息公开制度，向证券主管部门提交有价证券申报书，向投资者提供多种财务报表和资料，以保护投资者的利益，防止欺诈行为的发生。

②私募债券。

私募债券指以特定的少数投资者为对象发行的债券，发行手续简单，一般不能公开上市交易。

私募债券是发行者向与其有特定关系的少数投资者为募集对象而发行的债券。该债券的发行范围很小，其投资者大多数为银行或保险公司等金融机构，它不采用公开呈报制度，债券的转让也受到一定程度的限制，流动性较差，但其利率水平一般较公募债券要高。

（5）债券评级。

公司公开发行债券通常需要由债券评信机构评定等级。债券的信用等级对于发行公司和购买人都有重要影响。这是因为：

债券评级是度量违约风险的一个重要指标，债券的等级对于债务融资的利率以及公司债务成本有着直接的影响。一般说来，资信等级高的债券，能够以较低的利率发行；资信等级低的债券，风险较大，只能以较高的利率发行。另外，许多机构投资者将投资范围限制在特定等级的债券之内。

债券评级方便投资者进行债券投资决策。对广大投资者尤其是中小投资者来说，由于受时间、知识和信息的限制，无法对众多债券进行分析和选择，因此需要专业机构对债券的还本付息的可靠程度进行客观、公正和权威的评定，为投资者决策提供参考。

国际上流行的债券等级是3等9级。AAA级为最高级，AA级为高级，A级为上中级，BBB级为中级，BB级为中下级，B级为投机级，CCC级为完全投机级，CC级为最大投机级，C级为最低级。

3.3 金融衍生工具

3.3.1 金融衍生工具概述

近些年来，金融衍生工具如期权、期货越来越受到人们的关注。这些金融工具提供的收益依赖于其他资产的价值，如商品价格、债券价格、股票价格或市场指数的价值。因此，这些金融工具也被称为衍生资产，它们的价值随其他资产价值的变化而变化。

金融衍生工具是一种高风险、高回报的投资行为或交易方式，这是因为它具有很强的财务杠杆作用。杠杆是一种助力工具或器械。所谓杠杆作用，在金融衍生工具范畴意为投资者或投机者以少量资金作为成本（如期货交易中的保证金或者期权交易中的期权费），来对成倍数量的基础资产的市场价格运动趋势或涨跌幅度进行“打赌”，以期赚取风险利润（即利用金融衍生工具进行投机交易）；或者是指套期保值者通过衍生交易用少量的成本建立起冲抵性质的保值头寸，以转移或抵消在日常生产经营活动中遇到的数量大得多的价格风险、利率风险或汇率风险（即利用金融衍生工具进行保值交易）。

衍生金融产品的迅猛发展已成为现代国际金融市场的主要特征和趋势之一，对各金融投资机构的投资管理活动都产生了巨大影响。

3.3.2 金融衍生工具的特点

（1）杠杆性。

金融衍生产品的共同特征是保证金交易，即只要支付一定比例的保证金就可进行全额交易。因此，金融衍生产品交易具有杠杆效应，保证金比例越低，杠杆效应越大，风险也就越大。例如，若期货交易保证金为合约金额的5%，则期货交易者可以控制20倍于所投资金额的合约资产，实现以小搏大的效果。在收益可能成倍放大的同时，投资者所承担的风险与损失也会成倍放大，基础工具价格的轻微变动也许就会带来投资者的大盈大亏。金融衍生工具的杠杆效应在一定程度上决定了它的高投机性和高风险性。

（2）不确定性或高风险性。

金融衍生工具的交易后果取决于交易者对基础工具（变量）未来价格（数值）的预测和判断的准确程度。基础工具价格的变幻莫测决定了金融衍生工具交易盈亏的不稳定性，这是金融衍生工具高风险性的重要诱因。基础金融工具价格不确定性仅仅是金融衍生工具风险性的一个方面，国际证监会组织在1994年7月公布的一份报告中，认为金融衍生工具还伴随着以下几种风险：

①交易中对方违约，没有履行所作承诺造成损失的信用风险；

②因资产或指数价格不利变动可能带来损失的市场风险；

③因市场缺乏交易对手而导致投资者不能平仓或变现所带来的流动性风险；

④因交易对手无法按时付款或交割可能带来的结算风险；

⑤因交易或管理人员的人为错误或系统故障、控制失灵而造成的运作风险；

⑥因合约不符合所在国法律，无法履行或合约条款遗漏及模糊导致的法律风险。

（3）跨期性。

金融衍生工具是交易双方通过对利率、汇率、股价等因素变动趋势的预测，约定在未来某一时间按照一定条件进行交易或选择是否交易的合约。无论是哪一种金融衍生工具，都会影响交易者在未来一段时间内或未来某时点上的现金流，跨期交易的特点十分突出。这就要求交易双方对利率、汇率、股价等价格因素的未来变动趋势做出判断，而判断的准确与否直接决定了交易者的交易盈亏。

（4）联动性。

联动性是指金融衍生工具的价值与基础产品或基础变量紧密联系、规则变动。通常，金融衍生工具与基础变量相联系的支付特征由衍生工具合约规定，其联动关系既可以是简单的线性关系，也可以表达为非线性函数或者分段函数。

（5）降低交易成本。

从金融衍生工具的杠杆性就可以看出，投资者运用此类工具进行风险管理时，无须动用巨额的资金，大大降低了交易成本。

3.3.3 金融衍生工具的种类

随着金融市场的发展，金融衍生工具的种类越来越多。在此，我们介绍几种最常见的金融衍生工具，分别是期货合约、期权合约、远期合约和互换合同。

（1）期货合约。

期货合约是指在规定的交割日或到期日按约定的价格对某一资产（标的物）进行交割的合约。持有多头头寸的交易者承诺在交割日购买资产，而持有空头头寸的交易者承诺在合约到期时出售资产。

期货合约是由期货交易所统一制定的标准化合约，合约中规定了具体的交易时间、交易地点、交易数量，甚至规定了标的物的质量。

金融期货具有转移价格风险的功能。投资者可以利用期货多头或空头把价格风险转移出去，从而实现避险的目的。但是值得注意的是，对单个个体而言，利用期货交易可以达到预测价格的目的。

期货合约还有价格发现功能。期货价格是所有参与期货交易的人在未来对在某一特定时间的现货价格的期望或预期。不论是期货合约的多头还是空头，都会以其个人所持的立场或所掌握的市场咨询，并对过去的价格表现加以研究后做出买卖委托。而交易所通过电脑撮合公开竞价出来的价格即为此瞬间市场对未来某一特定时间现货价格的平均看法。这就是期货合约的价格发现功能。投资者可以利用期货市场的价格发现功能进行相关的决策以提高自身适应市场的能力。

根据期货合约标的物的不同，可以将期货合约分为商品期货和金融期货。

商品期货就是以各种实物商品包括农产品、有色金属等作为标的物的期货合约。

金融期货就是以各种金融商品如外汇、债券、股价指数等作为标的物的期货合约。金融期货又可以具体地分为外汇期货、利率期货、股票指数期货等，顾名思义，就是分别以外汇的汇率、与利率有关的有价证券、股票指数作为标的物的期货合约。

（2）期权合约。

期权是指持有者能在规定的期限内按交易双方商定的价格购买或出售一定数量的某种特定商品的权利。

期权与期货最重要的不同在于，在期权交易中买卖双方所处的地位是不平等的。期权赋予买方在有效期内买进或卖出一定数量的标的物的选择权，买方可以选择执行，也可以选择不执行，但为了获得这种灵活的选择权，买方必须向卖方支付一定数量的期权费；而卖方则只有按照买方的要求履行义务，没有主动选择放弃的权利。在这种情况下，买方的亏损是有限的，最大亏损额即已经支付的期权费，所以买方不需要再向交易所另外缴纳保证金，但其期权合约的盈利是无限的；而期权卖方的盈利是有限的，即买方支付的期权费，但其亏损是无限的，所以卖方必须缴纳履约保证金。由此看来，期权合约的风险巨大，而且对买卖双方来说风险不对称。

由于期权交易方式、方向、标的物等方面的不同，产生了众多的期权品种，对期权进行合理的分类，更有利于我们了解外汇期权产品。

第一，按期权的权利划分，有看涨期权和看跌期权两种类型。

看涨期权（Call Options）赋予其持有者在到期日或到期日之前以特定价格（即执行价格）购买某种资产的权利。具体来说，看涨期权的买方向期权的卖方支付一定数额的权利金后，即拥有在期权合约的有效期内，按事先约定的价格向期权卖方买入一定数量的期权合约规定的特定商品的权利，但不负有必须买进的义务。而期权卖方有义务在期权规定的有效期内，应期权买方的要求，以期权合约事先规定的价格卖出期权合约规定的特定商品。

相反，看跌期权（Put Options）赋予其持有者在到期日之前以特定的价格出售某种资产的权利。具体来说，看跌期权的买方向期权的卖方支付一定数额的权利金后，即拥有在期权合约的有效期内，按事先约定的价格向期权卖方卖出一定数量的期权合约规定的特定商品的权利，但不负有必须卖出的义务。而期权卖方有义务在期权规定的有效期内，应期权买方的要求，以期权合约事先规定的价格买入期权合约规定的特定商品。

第二，按期权的交割时间划分，有美式期权、欧式期权和百慕大期权三种类型。

美式期权是指在期权合约规定的有效期内任何时候都可以行使权利。

欧式期权是指在期权合约规定的到期日方可行使权利，期权的买方在合约到期日之前不能行使权利，过了期限，合约则自动作废。

百慕大期权是一种可以在到期日前所规定的一系列时间行权的期权，百慕大期权可以被视为美式期权与欧式期权的混合体，如同百慕大群岛混合了美国文化和英国文化一样。目前中国新兴的外汇期权业务，类似于欧式期权，但又有所不同。

第三，按期权合约上的标的划分，有股票期权、股指期权、利率期权、商品期权以及外汇期权等种类。

股票期权：买方在支付了期权费后，即取得在合约规定的到期日或到期日之前按约定的价格买入或卖出一定数量相关股票的权利。

股指期权：以股票指数为标的物，买方在支付了期权费以后，即取得在合约有效期内或到期时以协议指数与市场实际指数进行盈亏结算的权利。股指期权没有可作为实物交割的具体股票，采取现金轧差的方式结算。

利率期权：买方在支付了期权费后，即取得在合约有效期内或到期时以一定的利率买入或卖出一定面额的利率工具的权利。利率期权合约通常以政府短期、中期、长期债券，欧洲美元债券，大面额可转让存单等利率工具为标的物。

外汇期权：又叫外币期权、货币期权，指买方在支付了期权费后即取得在合约有效期内或到期日时以约定的汇率购买或出售一定数量某种外汇资产的权利。货币期权合约主要以美元、欧元、日元、英镑、瑞士法郎、加拿大元及澳元等为标的物。

商品期权：指标的物为实物的期权，是一种可以在合约规定的交易日买卖的权利。

（3）远期合约。

远期合约指合约双方同意在未来日期按照固定价格交换金融资产的合约，承诺以当前约定的条件在未来进行交易的合约，会指明买卖的商品或金融工具种类、价格及交割结算的日期。合约中约定买卖的金融资产称为基础资产或者标的资产，约定的买卖价格称为交割价，约定的交割日期称为到期日，允诺买入标的资产的一方称为多头方，允诺卖出标的资产的一方称为空头方。

远期合约是现金交易，买方和卖方达成协议在未来的某一特定日期交割一定质量和数量的商品。价格可以预先确定或在交割时确定。

远期合约是场外交易，如同即期交易一样，交易双方都存在风险。因此，远期合约通常不在交易所内交易。伦敦金属交易所中的标准金属合约是远期合约，它们在交易所大厅中交易。

远期合约是必须履行的协议，不像可选择不行使权利（即放弃交割）的期权。远期合约亦与期货不同，其合约条件是为买卖双方量身定制的，通过场外交易（OTC）达成，而后者则是在交易所买卖的标准化合约。远期合约规定了将来交换的资产、交换的日期、交换的价格和数量，合约条款因合约双方的需要不同而不同。远期合约主要有远期利率协议、远期外汇合约等。

远期外汇合约是指交易双方先签订远期交易合同，确定交易的数量、汇率和交割期限，然后在合约到期时再按合同规定办理货币交割收付的交易。其基本功能是规避汇率变动的风险，固定进出口贸易和国际借贷投资的成本和收益。

远期利率协议是交易双方达成的、同意在未来某个约定的日期（协议起息日、结算日），对双方约定的名义借款本金在未来一段时间内（从起息日开始至协议到期日）按约定利率与市场实际利率之差计算的利息差额进行交割的一种远期利率协议。在协议到期时，如果市场实际利率高于协议中约定的协议利率，则名义本金贷款人向借款人支付利息差额；反之，名义本金借款人向贷款人支付利息差额。名义本金借款人签订远期利率协议的主要目的是为了防范未来市场实际利率上升可能使未来的实际借款成本上升的风险；而名义本金贷款人签订远期利率协议的目的，主要是为了防范未来市场实际利率下跌可能使未来实际贷款收益下跌的风险。

（4）互换合同。

互换合同是指合同双方在未来某一期间内交换一系列现金流量的合同。按合同标的项目不同，互换可以分为利率互换、货币互换、商品互换、权益互换等。其中，利率互换和货币互换比较常见。

利率互换是指两笔货币相同、债务额相同（本金相同）、期限相同的资金，做固定利率与浮动利率的调换。这个调换是双方的，如甲方以固定利率换取乙方的浮动利率，乙方则以浮动利率换取甲方的固定利率，故称互换。互换的目的在于降低资金成本和利率风险。利率互换与货币互换都是于 1982 年开拓的，是适用于银行信贷和债券筹资的一种资金融通新技术，也是一种新型的避免风险的金融技巧，目前已在国际上被广泛采用。

货币互换（又称货币掉期）是指两笔金额相同、期限相同、计算利率方法相同，但货币不同的债务资金之间的调换，同时也进行不同利息额的货币调换。简单来说，利率互换是相同货币债务间的调换，而货币互换则是不同货币债务间的调换。货币互换双方互换的是货币，它们之间各自的债权债务关系并没有改变。初次互换的汇率以协定的即期汇率计算。货币互换的目的在于降低筹资成本及防止汇率变动风险造成的损失。货币互换的条件与利率互换一样，包括存在品质加码差异与相反的筹资意愿，此外，还包括对汇率风险的防范。

4 金融投资风险与收益理论

4.1 金融投资风险概述

4.1.1 风险的概念和特征

什么是风险？风险代表着收益的不确定性。金融投资风险，就是指金融产品预期收益的不确定性，包括可能的损失和可能的收益。

金融投资是一种非常复杂且充满风险的金融活动。人们进行投资的直接目的是为了获取收益，但收益和投资之间存在时间上的滞后，这种滞后导致收益受到许多不确定性因素的影响，使投资者可能得不到预期的收益甚至发生亏损，这便是金融投资活动的风险。风险和收益是相伴的。投资者只要不满足于无风险收益率，而想获得超额收益率，就必须承担一定的风险。投资者不可能完全消除风险，只能尽可能地降低和控制风险。只有在正确地识别风险、认清风险根源、准确估计风险大小的基础上才能有效地控制风险。

金融投资风险作为一种风险，在具备了一般风险特征的同时，也有其自身特有的性质，这主要是由股票证券的特殊性所决定的，即证券仅是一种虚拟资本或价值符号，其价格体现了投资者对未来收益的预期。根据金融投资风险的定义，我们将其主要特征归纳为以下六个方面：

（1）客观存在性。

由于证券市场的风险因素是客观存在的，通过其在时间和数量上积累，引发风险事故从而影响整个证券市场的价格波动，造成了投资者的实际收益与预期收益的偏差，所以金融投资风险也是客观存在的，不以投资者的主观意志为转移。在证券市场的投资活动中，人们通常所说的“风险防范”也是在承认金融投资风险客观存在的前提下设法规避和降低风险。

（2）不确定性。

由风险因素触发的风险事故，会引起投资者心理预期的改变，从而造成市场的价格波动，并进一步对投资者的投资收益产生影响，其具体表现为实际收益相对于预期收益的偏差。偏差可能是正的（高于预期），也可能是负的（低于预期），因此，金融投资风险具有不确定性。

（3）可测度性。

尽管金融投资风险具有不确定性，但我们仍然可以通过一定的方法来对其大小进行测度。从统计学的角度来看，金融投资风险是实际收益与预期收益的偏离程度，偏离程度越高，风险越大，偏离程度越低，风险越小。同时，我们可以运用一定的统计方法对收集的历史数据进行计算，从而实现这种偏离程度的量化。

（4）相对性。

金融投资风险是相对的，由于投资者对风险偏好的不同，他们各自对风险也会采取不同的态度，风险承受能力强的为获取高收益而敢冒高风险，风险承受能力低的为避免风险而宁可选择低收益。因此，某一程度的金融投资风险在某些投资者看来很高，而在某些投资者看来很低。

（5）危害性。

虽然金融投资风险会给投资者的实际收益带来一定的不确定性，但涉及可能发生的损失和收益与投资者的预期偏差过大时，金融投资风险就具有一定的危害性。如前所述，当证券市场价格波动幅度过大时，容易引发过度的投机行为，投资者在盲目追涨的同时，往往会蒙受惨重的损失。另外，随着证券市场内在风险的进一步扩大，会引发金融风暴和经济危机，对国家的社会、经济、政治的稳定造成相当大的危害。

（6）可防范性。

尽管金融投资风险是客观存在的，同时又带有不确定性，甚至达到一定程度后更具危害性，但我们仍然可以采取一定的方法来防范和规避金融投资风险，尽可能避免或减小风险带来的损失和危害。比如投资者可以借鉴现代投资组合理论，利用分散化投资来降低投资组合的风险，同时，他们也可以通过做空机制来对冲证券市场价格下跌所带来的风险。政府可以通过对现行制度进行改革以及加强市场监管力度，从根本上消除可能出现的金融投资风险。

4.1.2 风险的分类

基于风险是否可分散，主要将金融投资风险分为系统性风险和非系统性风险两类。

（1）系统性风险。

系统性风险即市场风险，是指由于全局性事件引起的投资收益变动的不确定性。由于这些影响因素来自于企业外部，是单一金融资产无法回避的，因此系统性风险是不可回避风险。另外，由于系统性风险对所有公司、企业、证券投资者和证券种类均产生影响，因而通过多样化投资不能抵消这样的风险，所以又成为不可分散风险或不可多样化风险。

系统性风险主要包括政策风险、经济周期性波动风险、利率风险、购买力风险、汇率风险等。

①政策风险。

政策风险是指因国家宏观政策（如货币政策、财政政策、行业政策、地区发展政策等）发生变化，导致市场价格波动而产生风险。

政策风险主要包括反向性政策风险和突变性政策风险。反向性政策风险是指市场在一定时期内，由于政策的导向与资产重组内在发展方向不一致而产生的风险。当资产重组运行状况与国家调整政策不相容时，就会加大这种风险，各级政府之间出现的政策差异也会导致政策风险。突变性政策风险是指由于管理层政策口径发生突然变化而给资产重组造成的风险。国内外政治经济形势的突变会加大企业资产重组的政策风险。

对于政策风险的防范，首先要提高对政策风险的认识，应及时地观察、分析和研究可能出现的政策风险，以提高对政策风险客观性和预见性的认识，充分掌握政策风险管理的主动权；其次要对政策风险进行预测和决策，在风险预测的基础上，搞好风险项目的重点管理，正确做出处理政策风险的决策，并根据决策方案，采取各种预防措施，力求降低风险；最后，对政策性风险管理应侧重于对潜在的政策风险因素进行分析，并采用科学的风险分析方法，通过对政策风险的有效管理，可以使企业避免或减少各种不必要的损失，确保金融活动的顺利进行。

②利率风险。

利率风险是指市场利率变动引起金融投资收益变动的可能性。市场利率的变化会引起证券价格的变化，进而影响证券的收益，造成不确定性。利率与政策价格呈反方向变化，即利率提高，证券价格降低；利率下降，证券价格上涨。这是因为当市场利率提高时，会吸引一部分资金流向银行储蓄、商业票据等其他金融资产，减少对证券的需求，使证券价格下降。

③购买力风险。

购买力风险，又叫通货膨胀风险，是指由于通货膨胀、货币贬值给投资者带来实际收益水平下降的风险。在通货膨胀的情况下，物价普遍上涨，社会经济运行秩序混乱，企业生产经营的外部条件恶化，金融市场也难免深受其害，并且，保持合适的通货膨胀比率是一国经济所必需的，所以购买力风险是难以回避的。在通货膨胀条件下，随着商品价格的上涨，证券价格也会上涨，投资者的货币收入也会有所增加，会使他们忽视通货膨胀风险的存在，并产生收益增加的幻觉。事实上，由于货币贬值，货币购买力水平下降，投资者的实际收益非但没有增加，反而有所减少。

一般来讲，可通过计算实际收益率来分析购买力风险：1+名义收益率=(1+实际收益率)×(1+通货膨胀率)，略掉交叉项可简化为：实际收益率=名义收益率-通货膨胀率。这里的名义收益率指的是债券的票面利率或股票的股息率。只有当名义收益率大于通货膨胀率时，投资者才有实际收益。购买力风险对不同证券的影响是不同的，受其影响最大的就是固定收益证券，如优先股、债券。因为它们的名义收益率是固定的，因此当通货膨胀率升高时，其实际收益率就会明显下降，因而固定收益证券的购买力风险最大。另外，长期债券较短期债券的购买力风险较大，浮动利率债券和保值贴补债券的购买力风险较小。普通股股票的购买力风险也较小，这是因为当发生通货膨胀时，由于公司产品价格上涨，股份公司的名义收益会增加。特别是当公司产品价格的上涨幅度大于生产成本的上涨幅度时，公司净盈利增加，进而股息会增加，股票价格也会随之提高，普通股股东可获得较高收益，冲抵购买力风险带来的部分损失。

④汇率风险。

汇率风险是指由不同货币之间的汇率变动所造成的金融投资收益变动的风险。汇率是各国货币间的兑换比率，它联系着各国之间的货币关系，反映各国货币价格的对比，以及各国生产成本和收益的比较。两个货币之间的汇率主要由两个货币的相对购买力决定，因而可反映两国物价的相对变化。各国通货膨胀率的差异是决定汇率变化的基础。此外，国际收支状况、利率水平、金融政策以及政治、军事等因素都会影响汇率的波动。若投资者投资于外国资产，汇率的变动会给其带来外汇得益或者外汇损失。所以，投资于外国资产的收益要通过汇率变动予以调整。实际投资收益率小于名义收益率表明有外汇损失，反之，实际收益率大于名义收益率则表明有外汇得益。

（2）非系统性风险。

非系统性风险是指由非全局性事件引起的投资收益率变动的不确定性。在现实生活中，各个公司的经营状况会受其自身因素（如决策失误、新产品研制的失败）的影响，这些因素跟其他企业没有什么关系，只会造成该家公司证券收益率的变动，不会影响其他公司的证券收益率，它是某个行业或公司遭受的风险。由于一种或几种证券收益率的非系统性变动跟其他证券收益率的变动没有内在的、必然的联系，因而可以通过证券多样化方式来消除这类风险，所以它又被称为可分散的风险或可多样化风险。

证券投资的总风险是系统风险和非系统风险的总和。

①信用风险。

信用风险又称违约风险，是指借款人、证券发行人或交易对方因种种原因，不愿或无力履行合同条件而构成违约，致使银行、投资者或交易对方遭受损失的可能性。证券发行人如果不能支付债券利息、优先股股息或偿还本金，哪怕仅仅是延期支付，都会影响投资者的利益，使投资者失去再投资和获利的机会，遭受损失。信用风险实际上揭发了发行人在财务状况不佳时出现违约或破产的可能，它主要受证券发行人自身的经营能力、盈利水平及规模大小等因素的影响。债券、优先股、普通股都可能发生违约风险，但由于企业破产清算时的偿还顺序不同，所以其风险程度有所不同。公司上市或者发行股票和债券时，往往会请专业的信用评级机构对其信用级别进行评级，一般来说，信用级别越高的证券，信用风险越小；反之，信用风险越大。

②财务风险。

财务风险是指公司财务结构不合理、融资不当使公司可能丧失偿债能力而导致投资者预期收益下降的风险。财务风险是企业在财务管理过程中必须面对的一个现实问题，财务风险是客观存在的，企业管理者对财务风险只有采取有效措施来降低风险，而不可能完全消除风险。

③营运风险。

营运风险是指企业或投资者个人在投资过程中对未来预期的偏差，导致决策不当或操作失误，使投资收益偏离预期收益的可能性。营运风险主要表现在三个方面。一是由于可供决策使用的信息不当导致决策不当。二是由于信息传递过程中出现的不可避免的延迟和偏差导致决策执行不当。在现代企业组织结构中，决策职能和执行职能往往是由不同的部门实施的，一项决策决定之后经过多层的传递到达最终操作人员的手里，可能已经失去了适时性和准确性，从而导致损失。三是不可避免的操作失误，指的是源于操作人员的业务技能不精或由偶然因素带来的操作失误。

4.2　收益率与风险

4.2.1　利率水平

利率水平及未来利率的预测是做投资决策时诸多环节中非常重要的一环。众所周知，预测利率是应用宏观经济学中最为困难的一部分。但即使如此，利率水平仍然由一些基本要素决定：

①来自于存款人（主要是家庭）的资金供给；

②来自于企业投资工厂车间、设备以及存货的融资需求；

③通过美联储运作调整后政府的净资金供给或资金需求。

下面，我们将循序渐进地解释这几个因素的作用机制。

在前面，我们已经提及过实际利率和名义利率这两个概念，在此我们将详细地介绍实际利率和名义利率。利率是指在一定期限内（1 个月、1 年、20 年甚至更长）因持有一定量某种计价单位（人民币、美元、欧元甚至购买力）而承诺的回报率。

假设不存在违约风险，我们便可以把以上承诺的利率看作该计价单位此特定期限的无风险利率。无风险利率必须对应一种计价单位和一个时间期限。无风险利率不是绝对的零风险，举例来说，无风险利率在使用购买力计量时就会因为通货膨胀的不确定性而存在风险。

考虑期限为一年的无风险利率。假定 1 年前你在银行存了 1 000 元，期限为 1 年，利率为 10%，那么现在你将得到 1 100 元的现金。又假定在过去的 1 年里通货膨胀率为 6%，也就是说你手中货币的购买力在过去的 1 年里下降了 6%，每一元能够购买的商品减少了 6%。利息收益的一部分将用于弥补由于 6%的通货膨胀率导致的购买力下降，最终你将只能得到 4%的购买力增加。所以，我们必须区别名义利率和实际利率，名义利率衡量的是资金量增长率，实际利率衡量的是购买力增长率。将名义利率设为 R，将实际利率设为 r，通货膨胀率设为 i，则有：

$$1+r=(1+R)/(1+i) \tag{4.1}$$

近似来看，有：

$$r\approx R-i \tag{4.2}$$

由式（4.1）可以推导出：$r=(R-i)/(1+i)$，显然可以看出由式（4.2）得出的近似值高估了实际利率 $1+i$ 倍。

在做出决策之前，投资者应当明白储蓄存单上所给出的是名义利率，因而投资者应当从中除去通货膨胀率才能得到投资项目的实际收益率。

4.2.2　不同金融资产的收益特征（以股票和债券为例）

（1）股票投资的收益。

股票投资收益由两部分组成：第一部分为股票持有收益，即投资者通过长时期持有某种股票而获取的股息收益，通常包括股息和红利；第二部分为股票交易收益，即投资者通过买卖股票而形成的价差收益。

股票持有收益即股息收益，是指企业在自己的税后利润中分配给股东的现金或股票等有价资产。股息的派发主要采取三种形式。一是现金形式，是指公司直接以货币形式支付给股票持有者的股息，它是最普通、最常见的股息支付方式。发放现金股息的优点在于使投资者对公司充满信心，支持股价的不断上扬。但这种方式不利于公司的资本累积，影响公司的资金周转。二是股票形式，是指公司以其股票作为股息支付给股东的一种方式。它实质上是无偿增资的一种形式。采用这种股息方式，可以减少资本外流，扩大公司资金实力，使股东财产增加的同时能免交一定数量的所得税。若股价上升，投资者还可获得填权效应带来的收益。三是财产形式，是指公司以其持有的有价证券或实物向股票投资者所支付的股息。这里的有价证券主要包括公司持有的股票、债券、应付票据等。

股票交易收益是指股票持有者以低价买进、高价卖出而获得的差价收入，又称资本利得、资本收益。投资者欲想获取理想的股票交易收益，首先要选择好股票投资对象，其次要选择好股票买卖时机。从理论上讲，唯有选择出了高质量、高效率的股票，并在股票价格最低时买进、最高时卖出，才能获得最理想的股票交易收益。实际上这只是一种假设，任何投资者都不可能做到这一点。但投资者可以通过一系列的科学选择，尽可能地获得较大的股票交易收益。股票交易收益也是股票投资的主要收益来源，尤其在金融市场不完善的国家，当没有一个成熟的市场参与者时，大多数上市公司并不积极地派发股利，股票交易收益就成了股票投资收益的主要来源。

（2）债券投资的收益。

债券投资收益也主要由两部分构成：一是债券持有收益，投资者持有某种债券而获取的债券利息；二是债券交易收益，债券投资者通过债券市场获取的债券买进价格与卖出价格的差额。

债券持有收益即债券利息，是指发行债券时所规定的债券票面利息或利率，它是债券投资收益的主要部分。债券利率一般由发债人事先确定，并且一旦确定，便不再变动（浮动利率债券除外）。它既不像股票的股息那样受公司经营状况的影响，也不像银行存款那样单纯由期限长短决定。债券利率的高低一般受以下诸因素影响：债券期限的长短、债券发行价格、金融市场上的利率水平、债券的信用级别等。

债券交易收益是指投资者通过在金融市场上买卖债券所获得的差价收益。投资者在金融市场上购买债券无非有两种情况，要么通过发行市场认购新债，此时的买入价就是认购价，要么通过交易市场购买上市交易债券，此时的买入价就是市场买入价。投资者如果持有债券到期，那么举债人到期支付的价格就是卖出价；如果在债券到期之前通过二级市场进行出售，那么卖出价就是转让价格。卖出价与买入价之间的差额就是债券投资的交易收益。投资者根据市场行情的分析在低价时买进、在高价时卖出就可以获得差价收益。金融市场上债券的价格是经常波动的，因此差价收益的获得就具有不确定性。但是与股票价格波动相比，其波动幅度要小得多。债券价格的波动要受到政府宏观调控政策、利率水平、物价水平和汇率水平的影响。

4.2.3 不同的收益率与风险

（1）持有期收益率。

假设你正在投资于股票指数基金，每一份额的现价是100元，持有期为1年。实现的投资收益率由每份额年末价格和这一年的现金股利决定。

假定每份额的期末价格为110美元，这一年的现金股利为4美元。实现的收益率即为持有期为1年的持有期收益率（Holding Period Return，简称HPR），可以表示为：

HPR=(期末每份价格-期初价格+现金股利)/(期初价格)

持有期收益率的定义假设股利在持有期期末支付。如果股利提前支付，那么持有期收益率便忽略了股利支付点到期末这段时间的再投资收益。来自股利的收益百分比被称为股息收益率，即现金股利比期初价格这一部分，持有期收益率即股息收益率加上资本利得收益率。

（2）期望收益率。

期望收益率是在不同情境下收益率以发生概率为权重的加权平均值。假设 $p(s)$ 是各种情境的概率，$r(s)$ 是各种情境的持有期收益率，情境由 s 来标记，那么我们可以将期望收益率表示为：

$$E(r) = \sum p(s)r(s) \tag{4.3}$$

收益率的标准差是度量风险的一种方法。它是方差的平方根，方差是与期望收益偏差的平方的平均值。结果的波动性越强，这些方差的均值就越大。因此，方差和标准差提供了测量结果不确定性的一种方法，也就是：

$$\sigma^2 = \sum p(s)[r(s) - E(r)]^2 \tag{4.4}$$

（3）超额收益和风险溢价。

我们把收益表示为证券的预期持有期收益率和无风险收益率（无风险收益率指的是当你把资金投入无风险资产如活期存款、货币市场基金时获得的利率）的差值称为风险溢价。在任何一个特定的阶段，风险资产的实际收益率与实际无风险收益率的差值称为超额收益。因此，风险溢价是超额收益的期望值，超额收益的标准差是其风险的测度。

投资者投资股票的意愿取决于其风险厌恶水平。金融分析师通常假设投资者为风险厌恶的，当风险溢价为0时，人们不愿意对股票市场做任何投资。理论上来说，必须有正的风险溢价来促使风险厌恶的投资者继续持有现有的股票而不是将他们的钱转移到其他无风险的资产中去。

（4）收益波动性比率（夏普比率）。

前面我们提到用收益率的标准差来衡量资产的风险，但我们必须注意到，应该假定投资者关注的是他们购买投资组合相对于无风险资产获得的预期超额收益和相应的风险。尽管无风险资产如短期国库券的收益率不固定，我们仍然知道购买债券并持有到期的收益。其他投资比安全的国库券收益率更高，也难免带来更多的风险。投资者为风险资产定价使得其风险溢价能够弥补预期超额收益带来的风险。这样利用溢价的标准差代替总收益标准差来衡量风险更好。

由此我们引出夏普比率的概念。1990 年度诺贝尔经济学奖得主威廉·夏普（William Sharpe）以投资学最重要的理论基础 CAPM——资本资产定价模型为基础，发展出闻名遐迩的夏普比率，又被称为夏普指数，用以衡量金融资产的绩效表现。

威廉·夏普理论的核心思想是：理性的投资者将选择并持有有效的投资组合，即那些在给定的风险水平下使期望回报最大化的投资组合，或那些在给定期望回报率的水平上使风险最小化的投资组合。解释起来非常简单，他认为投资者在建立有风险的投资组合时，至少应该要求投资回报达到无风险投资的回报，或者更多。

夏普比率计算公式：

$$s = [E(r_p) - r_f]/\sigma_p \tag{4.5}$$

其中 $E(r_p)$ 代表投资组合预期报酬率，r_f 代表无风险利率，σ_p 代表投资组合的标准差（注：由于投资组合的风险溢价等于组合收益率减去常数无风险利率，故投资组合的标准差等于风险溢价的标准差）。

夏普比率的目的是计算投资组合每承受一单位总风险，会产生多少的超额报酬。比率依据资本市场线的观念而来，是市场上最常见的衡量比率。当投资组合内的资产皆为风险性资产时，适用夏普比率。夏普指数代表投资人每多承担一分风险，可以拿到几分报酬，若为正值，代表基金报酬率高过波动风险，若为负值，代表基金操作风险大于报酬率。这样一来，每个投资组合都可以计算夏普比率，即投资回报与多冒风险的比例，这个比例越高，投资组合越佳。

举例而言，假如国债的回报是 3%，而投资者的投资组合预期回报是 15%，投资组合的标准偏差是 6%，那么用 15%-3%，可以得出 12%（代表超出无风险投资的回报），再用 12%÷6%=2，代表投资者风险每增长 1%，换来的是 2%的多余收益。

夏普理论告诉我们，投资时也要比较风险，尽可能用科学的方法以冒小风险来换大回报。所以说，投资者应该成熟起来，尽量避免一些不值得冒的风险。同时当投资者在投资时如缺乏投资经验与研究时间，可以让真正的专业人士来帮助投资者建立起适合自己的、可承受风险最小化的投资组合。这些投资组合可以通过夏普比率来衡量出风险和回报比例。

5　投资组合理论

5.1　单个证券

要讨论投资组合的特征，首先要了解单个证券的特征，主要有：

①期望收益。它是指一个持有一种股票的投资者在下一个时期所能获得的收益。当然，这仅仅是一种期望，实际收益可能比较高或比较低。因此，单个证券的期望收益可以简单地以过去一段时间从这一证券所获得的平均收益来表示。此外，其他计算期望收益的方法还有：可以通过仔细地分析相应上市公司的前景，或采用计算机模拟模型，或根据专门的或内幕的信息确定期望收益。

②方差和标准差。评价证券收益波动的方法有很多，其中最为常用的是方差。方差是一种证券的收益与其平均收益的离差平方的平均数。标准差是方差的平方根。

③协方差和相关系数。各种证券的收益之间相互关联。协方差是一个度量两种证券收益之间相互关系的统计指标。此外，这种相互关系也可以用两种证券收益之间的相关系数来反映。协方差和相关系数是理解 β 系数的基础。

5.2　投资组合的收益和风险

5.2.1　证券投资组合的内涵

证券投资组合简称证券组合，是指投资者所拥有的若干非同质证券的集合。如果组成这一集合的元素是不同类型的股票（或债券），则可进一步称为“股票组合”（或“债券组合”）。严格来说，投资学中的证券组合，是一个有特定含义的概念，它是指在满足一定假设条件下，通过对作为投资对象的若干非同质证券的选择，达到在保证预定收益率的前提下将风险最小化或在既定风险的前提下使收益率最大化的投资方法。

毫无疑问，一个理性的投资者追求的目标是使投资收益最大化或使投资风险最小化。在马克维茨的理论体系中，资产或资产组合的收益和风险通常用期望收益率和收益率的方差（标准差）来衡量。

5.2.2　投资组合的构造

投资者的投资组合是其所投资产的集合。投资资产可以分为股票、债券、不动产、商品等。投资者在构建投资组合时，需要做出两类决策：资产配置决策和证券选择决策。资产配置决策是指投资者对这些资产大类的选择，证券选择决策是指在每一资产大类中选择特定的证券。

资产配置决策包括对安全资产（如银行存款和货币市场证券）和风险资产投资比例的决策。值得注意的是，我们不能将储蓄错误地等同于安全投资。“储蓄”的意思是你没有花光你的所有收入，即收入减去消费的部分，因此这部分可以用于增加投资组合。你可以将储蓄投资于安全资产、风险资产或者是两者的组合。

“自上而下”的投资组合构建方法是从资本配置开始的。例如，某人目前所有的钱都存放于一个银行账户，那么他首先要决定整个投资组合中股票、债券等应占的比例。这样，投资组合的大致特征就确定了。如何将投资在股票市场和无风险资产之间配置将会对投资组合的收益和风险产生很大的影响。一个自上而下的投资者首先会确定如何在大类资产之间进行配置，然后才会确定在每一类资产中选择哪些证券。

证券分析包括对可能包含在投资组合中的特定证券进行估价。例如，投资者可能会权衡两家实力相当的公司，哪家的股价更具有吸引力。债券和股票都需要根据其对投资者的吸引力来进行估价，但是，对股票估价要比对债券估价难得多，因为股票的绩效通常对发行公司的状况更敏感。

与“自上而下”的投资组合管理相对应的是“自下而上”的战略。使用“自下而上”的方法时，投资组合的构建是通过选择那些具有价格吸引力的证券而完成的，不需要过多地考虑资产配置。这种方法可能会使投资者无形中把赌注全部投向经济的某一领域。例如，投资组合最终可能会集中于某一行业或某一地区，或是集中于某种不确定性。但是，“自下而上”的方法确实可以使投资组合集中在那些最具投资吸引力的资产上。

5.2.3 投资组合的期望收益

以两种证券构成的投资组合为例。假设投资者将自己的资金投资于债券 A 和股票 B，债券 A 和股票 B 的期望收益率分别为 5.5% 和 17.5%。那么由 A 和 B 构成的资产组合的期望收益率为：$w_a \times 5.5\% + w_b \times 17.5\%$。其中 w_a 代表债券 A 在投资组合中的比例，w_b 代表股票 B 在投资组合中的比例。

由此扩展到一个包含 K 个证券的投资组合的期望收益率：

$$r_p = w_1 \times r_1 + w_2 \times r_2 + \cdots + w_k \times r_k \tag{5.1}$$

其中，w_1，w_2，…，w_k 分别代表证券 1，2，…，k 在资产组合中所占的比例，r_1，r_2，…，r_k 分别代表证券 1，2，…，k 的期望收益率。

5.2.4 投资组合的方差和协方差

仍然以两种证券为例，由证券 A 和证券 B 构成的投资组合的方差是：

$$Var(p) = w_a^2\sigma_a^2 + w_b^2\sigma_b^2 + 2w_a w_b \sigma_{ab} \tag{5.2}$$

其中，w_a，w_b 分别代表证券 A，B 在资产组合中所占的比重，σ_a 和 σ_b 分别代表证券 A，B 收益率的标准差，σ_{ab} 代表证券 A 和证券 B 的协方差。这个公式表明，投资组合的方差取决于组合中各种证券的方差和两种证券之间的协方差。证券的方差度量证券收益的变动程度，协方差度量两种证券收益之间的相互关系。在证券方差给定的情况下，两种证券收益呈现正相关或协方差为正，会增加整个组合的方差，换句话说，资产组合中的两个证券正相关会增加资产组合的风险程度。两种证券收益呈现负相关或协方差为负，会降低整个组合的方差，也就是降低资产组合的风险程度。这一重要的结果显然是符合常识的。如果一个投资者所持有的两种证券中，当一种证券的收益上升时，另一种证券的收益下降，或者反过来一种证券的收益下降，另一种证券的收益上升，则这两种证券的收益变动就会相互抵消。那么投资者就实现了理财学中所说的“对冲”，投资者的投资组合的整体风险就低。但是，如果一个投资者所持有的两种证券的收益同时上升或者同时下降，那么投资者根本无法实现对冲，因此这个投资组合的整体风险就高。

投资组合的标准差即方差的平方根，根据以上投资组合的方差，我们可以得出投资组合的标准差如下：

$$\sigma_p=SD(p)=\sqrt{Var(p)} \tag{5.3}$$

如前所述，组合的期望收益等于组合中各个证券期望收益的加权平均数，但对于标准差，这一结论不成立。一般认为，组合的标准差小于组合中各个证券标准差的加权平均数，是组合多元化效应的缘故。

若投资组合中的证券之间呈现负相关，则组合多元化所产生的利益较大。若投资组合中的证券之间呈现正相关（非完全正相关），则组合多元化所产生的利益较小。那么，当两种证券的正相关系数达到什么程度时，组合多元化所产生的利益将消失呢?

要回答这一问题，首先将式（5.1）中的协方差改为相关系数的形式。即协方差可以写为：

$$\sigma_{ab}=\rho_{ab}\times\sigma_a\times\sigma_b \tag{5.4}$$

那么，式（5.2）变形为：

$$Var(p)=w_a^2\sigma_a^2+w_b^2\sigma_b^2+2w_aw_b\rho_{ab}\sigma_a\sigma_b \tag{5.5}$$

上述公式表明：协方差实际上仅仅是两种证券的相关系数与它们各自的标准差的乘积。换言之，协方差包括两个部分：两种证券收益的相关系数；以标准差度量的两种证券各自收益的变动性。当$\rho=1$时，投资组合收益的标准差正好等于组合中各个证券的收益的标准差的加权平均数。由式（5.5）可见，当相关系数小于1时，组合的方差和标准差都会随之下降。因此，我们得到的结论是：

只要$\rho<1$，两证券投资组合的标准差就小于这两种证券各自的标准差的加权平均数。换句话说，只要两种证券的收益没有完全正相关，组合多元化的效应就会发生作用。

我们可以把上述结论扩展到包含多个资产的证券组合中，也就是说，只要多种证券组合中两两之间的相关系数小于1，多种证券投资组合的标准差一定小于组合中各种证券的标准差的加权平均数。

5.2.5 证券投资组合管理

5.2.5.1 传统证券投资组合管理

(1) 程序管理。

传统证券投资组合管理的投资程序一般为:

①投资政策的制定。

传统证券投资组合管理一般按投资是收入型、增长型还是混合型对投资决策进行分类，这种分类方法强调投资者在收益获取形式方面的差异，即其获取形式是经常收益还是资本利得。

收入型组合将重点放在经常收益的最大化上，不太注重资本利得和增长；增长型组合强调投资的资本增值；混合型组合的目标是在经常收益和资本利得间取得预期的均衡。

②证券投资分析。

证券分析作为传统证券投资组合管理的第二步，涉及对第一步所确定的各类证券的投资价值进行考察。证券分析的方法很多，传统证券投资组合管理的证券分析方法主要有两类：一类是基本分析，一类是技术分析。

③证券投资组合的构建。

这一步是在前两步的基础上确定如何有效分配资金，从而使证券投资组合具有理想的风险和收益特征。在构建投资组合时，投资者应该注意以下问题：一是有效预测单个证券的价格波动，从而精选个股或特定债券等；二是横向预测各类证券的相对风险与收益状况，从而选择购买时机；三是有效贯彻资产多元化的投资理念，以便有效降低证券组合的风险；四是考虑投资的税收环境等。

④证券投资组合的修正。

这一步旨在制度性地重温前述三步，并提出建设性的改进措施。即随着时间的推移，投资者可能部分或全部地改变其投资目标，从而使当期持有的组合不再最优，为此需替换现有组合中的某些证券；另一种可能是由于市场环境、交易成本或投资者预期等的变化，引起对组合中不同证券的不同评价，从而导致对组合中证券的调整行为。

⑤投资组合绩效的评估。

评估证券投资组合业绩应综合考虑风险和收益。在同一收益水平上的风险，或者在同一风险水平上的收益，才具有可比性。当然，证券组合风险和收益水平的评定还涉及投资者对风险的态度和对收益的期望水平。

(2) 类别管理。

①收入型证券组合管理。

收入型证券组合的收益几乎都来自经常性现金流，比如债券的利息收益，优先股的股息收益。收入型证券组合实现的目标是风险尽可能低、收入和价格稳定。适合入选收入型证券组合的证券有高收益的债券、优先股和高分红、低风险的普通股等。

收入型证券组合目的是使投资者实现经常收益的最大化。从组合中获得的收入可能代表投资者的部分或全部收入。收入型证券组合的投资者多见于退休人员、中低收入阶层等。

②增长型证券组合管理。

所谓增长，是指收益要远高于市场平均收益水平，因此对组合管理者的素质要求极高。符合增长型证券组合标准的股票一般具有如下特征：收入和股息稳步增长、收入增长率非常稳定、低派息、高预期收益等。此外，还需对目标投资企业做深入细致的分析，如产品供求状况、竞争环境、经营特征、公司管理风格与水平等。

③收入与增长混合型证券组合管理。

构建收入与增长混合型证券组合除考虑一般的风险收益均衡外，还应考虑固定收益证券与浮动收益证券的均衡。在组合中，债券、股票各占多大比例还取决于证券市场状况以及宏观经济、政治、文化因素等。

5.2.5.2 现代证券投资组合管理

美国著名经济学家马科维茨于1952年最早系统地提出了现代组合管理理论，他开创了对投资进行整体管理的先河。他在创立组合理论的同时，也用数量化方法提出了确定最佳投资组合实物基本模型。接下来的几十年，经济学家们利用数量化方法不断丰富和完善组合管理的理论和实际投资管理方法，并使之成为投资学中的主流理论。由于马科维茨证券组合理论给金融投资和管理思想带来革新，1990年他获得了诺贝尔经济学奖，并被誉为“现代投资组合理论之父”。该理论的创新主要表现在：首先，提出了与现实更为接近的目标函数，解决了过去金融经济学以预期收益最大化作为证券组合目标与实际中的分散投资行为相矛盾的问题；其次，证明了目标函数与投资者目标一致，提出了单一证券的风险取决于它与其他证券的相关性的观点；最后，马科维茨分别用期望收益率和收益率的方差来度量投资的预期收益水平和风险，建立了均值方差模型进而做出投资决策。在投资者只关心“期望收益率”和“方差”的假设前提下，马科维茨创造的理论和方法是准确和科学的，但是这种理论和方法在实践应用过程中最大的不足是计算量太大，尤其是在规模巨大的金融市场，在存在上千种证券的情况和一定时间的要求下，其运算的实现几乎是不可能的。因而这严重地限制了马科维茨方法的应用空间。

在马科维茨的均值方差组合理论的基础上，夏普（1964）、特雷诺（1965）、詹森（1966）对资本市场总体定价行为进行了深入研究并各自独立地提出了风险资产定价均衡模型，三位学者的研究方法有所不同，但思想和结果是一致的，即著名的资本资产定价模型（CAPM）。CAPM的创新主要体现在：首先，明确了切点组合结构，提出并证明了分离定理；其次，提出了度量投资风险的新参数；最后，提出了一种简化形式的计算方法，这一方法是通过建立“单因素模型”实现的，单因素模型又可推广为多因素模型，多因素模型对现实的近似程度更高。这一简化形式使得证券组合理论广泛应用于实际成为可能，尤其是20世纪70年代以来计算机的发展和普及以及软件的成套化和市场化，极大地促进了现代证券组合理论在实践中的应用。

上述三人的CAPM模型可被称为标准CAPM模型，标准CAPM模型理论是现代资本市场均衡理论的核心基础，其不足之处在于模型是建立在一系列严格的假设基础之上，导致其对市场的指导作用受到一定的限制。从20世纪70—80年代，一大批金融经济学家致力于研究寻找更接近实际的资产定价均衡理论，并推出了一系列衍生的CAPM模型，但是用CAPM的思想无法获得依赖较少假设的一般性模型。

罗斯等人在1976年开拓了一条全新的研究思路，在“完善市场中不存在套利机会”的假设下提出了资本市场均衡的“套利定价理论”，简称APT模型，该理论认为所有资产的收益都可用一组因素的线性组合来表述。APT模型的特点是比较一般化，既不要求很多假设，也没有明确给出影响资产收益的具体因子。但APT模型的结构清晰性较差，在这方面明显是不如CAPM模型的。

进入20世纪80年代，关于资产定价理论的研究重点转向上述理论模型的进一步完善和实证检验。20世纪90年代起，现代资产组合理论已经与基础分析和技术分析并驾齐驱，改进了投资管理技术。目前，世界上大约30%的组合管理者在利用马科维茨模型、单一指数模型、资本资产定价模型和套利定价模型进行资产的选择和组合。

现代投资组合理论在近几十年内得到迅速发展并逐步走向成熟。但由于其严格的条件，在现实中缺乏可操作性。行为金融学的兴起对现代投资理论提出了挑战，丰富了现代投资理论的结构框架，为现代投资理论的发展带来了新的契机。

6 投资组合模型

6.1 马科维茨的资产组合选择模型

市场上有数量众多的特性各异的金融资产，投资者必须充分研究市场，不失时机地做出投资决策，期望在既定的约束条件下以最高的效率实现最大的收益；另外，投资是要承担风险的，如何正确协调收益和风险的矛盾是投资决策的难点所在。马科维茨为投资者提供了解决问题的方法和工具，其朴素而有创意的学术思想为现代的投资组合理论奠定了坚实的基础。

组合构造问题可以归纳为多个风险资产和一个无风险资产的情况。以两种风险资产和一种无风险资产构成的投资组合为例，构造该资产组合有三步：首先，确认可行集的风险收益权衡；其次，通过计算使资本配置线斜率最大的各资产权重确认最有风险组合；最后，确认无风险资产和风险组合的比例，从而确认最终的最佳投资组合。

第一步是决定投资者面临的风险收益机会，由风险资产的最小方差边界给出。只要知道证券组合中各个证券的期望收益率、方差（或标准差）及任意两个证券间的相关系数（或者协方差数值），都可得出所有可能的证券组合的收益与风险特征。如果将每一种可能实现的证券组合的收益、风险取值的集合描述于我们建立的均值-标准差平面上，就可得到证券组合的可行域。可行域是在给定组合期望收益下方差最小的组合点描成的曲线。给定期望收益、方差和协方差数据，所描成的曲线如图 6.1 所示。

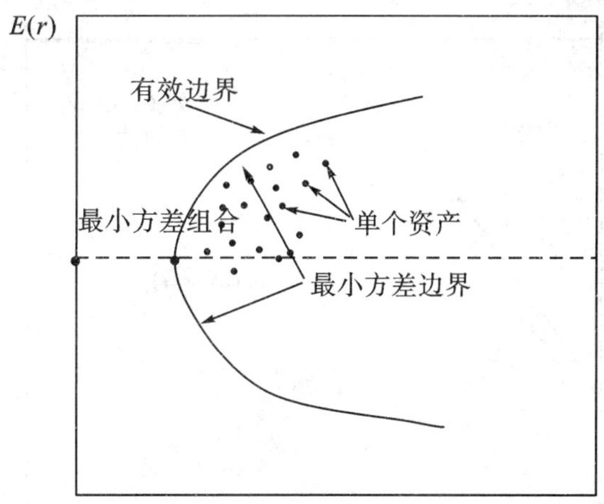

图 6.1 证券组合的可行域

证券组合的可行域表示了所有可能的证券组合，投资者需要做的是从中选择自己最满意的证券组合进行投资。不同的投资者由于对期望收益率和风险的偏好有区别，因而他们所选择的最佳组合将不同。但投资者的偏好具有某些共性，在这个共性下，某些证券组合将被所有投资者视为差的，因为按照偏好的共性总存在比它更好的证券组合，需要把公认为差的证券组合剔除掉。

大量事实表明，投资者普遍偏好收益而厌恶风险，这种态度反映在证券组合的选择上可由下述规则来描述：①如果两种证券具有相同的收益率方差和不同的期望收益率，那么投资者将选择期望收益率较高的组合，马科维茨把它称为“不满足假设”；②如果两种证券具有相同的期望和不同的收益率方差，那么投资者将选择方差较小的资产组合，马科维茨把它称为“风险厌恶假设”。这种选择原则，我们称为投资者的共同偏好规则。

依据这个规则，所有最小方差边界上最小方差组合上方的点提供最优的风险和收益组合，因此可以作为最优组合，这一部分称为风险资产有效边界。对于边界内部的点，其正上方就存在具有相同标准差但期望收益更高的组合，因此这些点是非有效的。

第二步是包含无风险资产的最优化。资本配置线是连接无风险资产和风险资产组合的一条线，斜率为报酬-波动性（夏普）比率，为：$s = [E(r_p) - r_f]/\sigma_p$。将资本配置线绕无风险资产点旋转直到与有效边界相切，便得到最高报酬-波动性比率的资本配置线，切点 P 即为最优风险组合。这一步是完全技术性的工作，需要专业的投资经理去完成。

我们已知资本配置线上的两个点是投资者资本配置的两个极端点，即或者将全部投资都投向风险资产，或者将全部投资都投向无风险资产。在这两点之间的资本配置线上的任意一点反映了投资者的某一种既有风险资产投资，又有无风险资产投资的资产组合，以及这一资产组合的期望收益和标准差的情况。从资本配置线上标准差为0的点开始沿线右移，线上离0点越远的点代表了一个风险资产在全部资产组合中占比例更大的一种资产组合。因此，从资本配置线上可以直观地看到，随着风险资产在全部资产组合中所占比例的不断增长，全部资产组合的风险（标准差）也越来越大（见图6.2）。

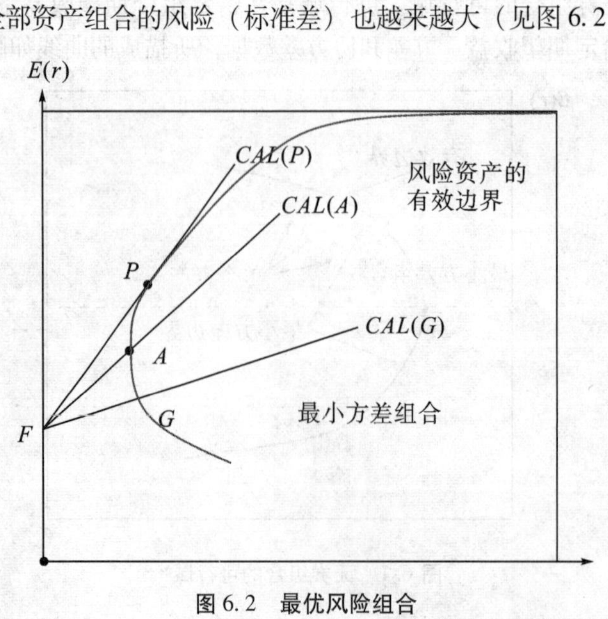

图6.2　最优风险组合

最后一步是投资者在最优风险资产 P 和无风险资产之间选择合适的比例构成最终组合，如图 6.3 所示。这一步取决于投资者个人的偏好，由投资者的无差异曲线和资本配置线的切点确定无风险资产和风险资产组合的比例。

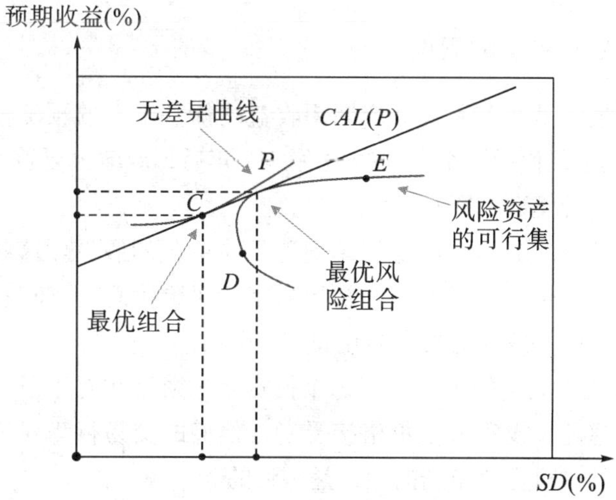

图 6.3　最优风险资产 P 和无风险资产的比例构成组合

假定所有的投资者都是风险厌恶者，这是共同的偏好规则。但根据投资者的共同偏好规则，有些证券组合之间在客观上并不能区分好坏，其根源在于投资者个人遵循共同偏好规则之外，还有其特殊的偏好，投资者一般在风险厌恶程度上是有差别的。在那些不能被共同偏好规则区分的组合中，不同的投资者因为风险-收益偏好不同，对于相同的证券组合会有不同的满意程度。在均值标准差平面上，如果将某一投资者满意程度相同的组合画在同一条曲线上，就得到这个投资者的无差异曲线。换句话说，一条给定的无差异曲线上所有投资组合对特定的投资者来说，所能提供的满意程度相同。按照同一投资者的不同满意程度分别可以描绘出无数条无差异曲线，它们密布整个平面，称为该投资者的无差异曲线簇。

无差异曲线具有如下特点：①落在同一条无差异曲线上的不同点，其收益与风险的搭配提供等量的效用水平，对投资者而言具有相同的满意程度，而落在不同无差异曲线上的点有不同的满意程度；②无差异曲线距离原点的位置越远，对同一个投资者而言带来的满意程度越高；③无差异曲线两两互不相交，是一簇向上倾斜的曲线；④不同投资者因为其风险-收益偏好不同，其无差异曲线的特征不同。无差异曲线越陡，表明该投资者风险厌恶程度越高，其在选择投资组合时比较保守。

投资者总是试图找到能够满足其最高效用水平的资产组合，而这又必须是资产市场上可以得到的组合，因此，寻找最佳的投资组合必须通过求解无差异曲线与资本配置线的切点来实现，这个切点 P 就是投资分析和投资决策的最终落脚点。

6.2 资本资产定价模型

6.2.1 资本资产定价模型的假设

资本资产定价模型是基于风险资产期望收益均衡基础上的预测模型。哈里·马科维茨于 1952 年建立了现代投资组合选择理论。12 年后，威廉·夏普、特雷诺、詹森将其发展为资本资产定价模型，即 CAPM 模型。

下面我们给出基本的资本资产定价模型若干简单化的假设。这些假设的核心是使每个投资者尽可能同质化，尽管他们的初始财富和风险厌恶程度存在显著的差异。我们将看到投资者行为的一致性会大大简化我们的分析。

(1) 市场上存在着大量的投资者，每个投资者的财富相对于所有投资者的财富总和而言都是微不足道的。投资者是价格接受者，他们的交易行为对证券价格不产生影响，这与微观经济学中对完全市场的假设是一致的。

(2) 所有投资者只考虑一个相同的投资持有期。这种行为是短视的，因为它忽略了在持有期结束的时点上发生的任何事情的影响。短视行为通常不是最优行为。

(3) 投资者的投资范围仅限于市场上公开交易的金融资产，比如股票、债券、无风险借入或贷出等。这一假设排除了不可交易资产如教育（人力资本）、私有企业和政府投资的资产等。此外，还假设投资者可以以固定的无风险利率借入或借出任意额度的资金。

(4) 不存在证券交易费用及税赋。当然，在现实生活中，我们都知道投资者处于不同的赋税级别，这将直接影响到投资者对投资资产的选择。例如，政府对利息收入、股利收入、资本利得制定了不同级别的税率。此外，实际交易也是存在交易费用的，交易费用依据交易额度的大小和投资者的信誉度而不同。

(5) 所有投资者都是理性的，都追求资产组合的方差最小化。这意味着他们都运用了马科维茨的资产选择模型。

(6) 所有投资者采用相同的方法进行证券分析并对经济前景的看法一致，这使所有投资者关于有价证券未来收益率的期望分布具有一致性估计。依据马科维茨模型，给定一系列证券的价格和无风险利率，所有投资者的期望收益率和协方差矩阵相同，从而产生了有效边界和唯一的最优风险资产组合，这一假设也被称为同质期望或信念。

CAPM 模型建立在这些假设条件下，显然这些假设忽略了现实世界中的诸多复杂现象。然而，利用这些假设我们可以洞察许多有关证券市场均衡的重要特性。

6.2.2 资本资产定价模型概述

(1) 根据模型的假设条件，我们可以总结出一个由假设的有价证券和投资者组成普遍存在的均衡关系。

①所有投资者都依据包含所有可交易资产的市场投资组合按比例复制自己的风险资产组合。

什么是市场投资组合？当我们把单个投资者的资产组合加总起来时，借与贷将会互相抵消，其加总起来的风险资产组合的价值等于整个经济中的全部财富，这就是市场投资组合，用 M 表示。

②市场投资组合不仅在有效边界上，而且市场投资组合也是相切于最优资本配置线的资产组合。因此，资本市场线，即从无风险利率出发通过市场投资组合 M 的延伸线，也是可以达到的最优资本配置线。所有投资者都选择持有市场投资组合作为他们的最优风险资产组合，差别只在于投资者投资于最优风险资产组合与投资于无风险资产的比例有所不同。

③市场投资组合的风险溢价与市场风险和投资者的风险厌恶程度成比例。数学表达式为：

$$E(r_m)-r_f=A\sigma_m^2 \tag{6.1}$$

其中，σ_m^2 代表市场投资组合的方差，A 代表投资者的风险厌恶水平。

④单个资产的风险溢价与市场投资组合 M 的风险溢价成正比，市场投资组合与证券的 β 系数也成比例。β 是用来衡量单个股票收益与市场收益的共同变化程度。β 的表达式定义如下：

$$\beta_i=Cov(r_i,r_m)/\sigma_m^2 \tag{6.2}$$

单个证券的风险溢价为：

$$E(r_i)-r_f=[Cov(r_i,r_m)/\sigma_m^2][E(r_m)-r_f]=\beta_i E(r_m)-r_f \tag{6.3}$$

（2）市场组合的风险溢价。

前面已提出，市场投资组合的均衡风险溢价与投资者群体的平均风险厌恶程度和市场投资组合的风险是成比例的。现在我们来解释这一结论。

假设每位投资者投资于最优资产组合 M 的资金比例为 y，那么有：

$$y=[E(r_m)-r_f]/[A\sigma_m^2] \tag{6.4}$$

在简化形式的资本资产定价模型的经济中，无风险资产包括所有投资者之间的借入和贷出，任何借入头寸必须同时有债权人的贷出头寸来平衡。这意味着投资者之间的净借入和净贷出的总和为 0，因此，这替代了代表性投资者的风险厌恶系数 $\bar{A}$，对 A 而言，风险资产组合的平均比例为 100%。设 $y=1$，代入式（6.4）整理，我们发现市场投资组合的风险溢价与其方差和平均风险厌恶水平有关。

$$E(r_m)-r_f=\bar{A}\sigma_m^2 \tag{6.5}$$

（3）Beta 系数。

①β 系数的含义。

β 系数也称为贝塔系数（Beta coefficient）。按照 CAPM 的规定，Beta 系数是用以度量一项资产系统风险的指针，是用来衡量一种证券或一个投资组合相对总体市场的波动性（volatility）的一种风险评估工具。当 $\beta>0$ 时，证券收益率的变化与市场同向；当 $\beta<0$ 时，证券收益率的变化与市场反向；当 $\beta>1$ 时，称该证券为进取型的，市场收益率变化一个百分点则该证券很可能有超过1%的变化，β 值越大，进取性越强；当 β <1 时，称该证券为保守型的，市场收益率变化一个百分点则该证券很可能有低于1%的变化，β 值越小，对市场变化越不敏感，因而越保守。举例来说，如果一个股票的价格和市场的价格波动性是一致的，那么这个股票的 β 值就是1。如果一个股票的 β 是1.5，就意味着当市场上升10%时，该股票价格则上升15%；而市场下降10%时，股票的价格亦会下降15%。

β 系数有以下三方面的含义。第一，β 系数反映证券（或证券组合）对市场投资组合方差的贡献率，并据此获得期望收益率的奖励。根据资本资产定价模型，β 系数被作为有效证券组合中单个证券或证券组合的风险测定。第二，β 系数用来表示单个证券或证券组合的系统风险同正常风险（市场整体风险）的关系。系统风险 = β ×市场投资组合风险。第三，β 系数作为证券特征线的斜率，它刻画了证券实际收益率的变化对市场证券组合的敏感程度。

②β 系数的表达式。

求解 β 的过程如下。单个证券对整个市场投资组合方差的贡献程度，可以表示为 $w_i \times Cov(r_i,\ r_m)$，其中，$w_i$ 代表证券 i 占整个市场投资组合的比例。同时，单个证券对整个市场投资组合的风险溢价的贡献为 $w_i \times [E(r_i) - r_f]$。

因此，投资证券 i 的回报-风险比率可以表达为：

$$\frac{\text{证券}\,i\,\text{对风险溢价的贡献}}{\text{证券}\,i\,\text{对方差的贡献}}=\frac{w_i\times[E(r_i)-r_f]}{w_i\times Cov(r_i,r_m)}=\frac{E(r_i)-r_f}{Cov(r_i,r_m)} \tag{6.6}$$

市场投资组合是有效均值-方差上的资产组合。投资于市场投资组合的回报-风险比率为：

$$\frac{\text{市场风险溢价}}{\text{市场方差}}=[E(r_m)-r_f]/\sigma_m^{\ 2} \tag{6.7}$$

式（6.7）中的比率通常也叫作风险的市场价格。因为它测度的是投资者承担投资风险时所要求的收益。均衡的一个基本原则是所有投资者应该具有相同的回报-风险比率。如果某一投资的回报-风险比率大于其他投资，投资者将会调整他们的资产组合，倾向于卖掉或者选择不投资于这些股票。这样的行为会给证券价格带来压力，直到这一比率相等。因此，单个证券的回报应该与市场组合的相等，该表达式为：

$$[E(r_i)-r_f]/Cov(r_i,r_m)=[E(r_m)-r_f]/\sigma_m^{\ 2} \tag{6.8}$$

将式（6.8）进行适当的变换，便可得到证券 i 的风险溢价：

$$E(r_i)-r_f=[Cov(r_i,\ r_m)/\sigma_m^{\ 2}][E(r_m)-r_f] \tag{6.9}$$

这里 $Cov(r_i,r_m)/\sigma_m^{\ 2}$ 这一比率衡量了证券 i 对市场投资组合方差的贡献程度，是市场投资组合方差的组成部分。这一比率即为贝塔，用 β 表示。这样，式（6.9）可以表示为：

$$E(r_i)=r_f+\beta_i[E(r_m)-r_f] \tag{6.10}$$

这个期望收益-贝塔关系就是资本资产定价模型最为普通的一种表达方式。

③β 系数的应用。

在发达证券市场，β 系数广泛应用于证券分析与投资决策，特别是基金管理之中。以下介绍β 系数应用的主要方面：

第一，测定风险的收益性。

β 系数作为一种风险测定，测定的是能够带来收益率补偿的那部分风险。如果我们希望通过承担较大的风险来获得较高的期望收益率，那么我们应该选择β 系数较高的证券，而不是总风险较高的证券。

第二，作为投资组合选择的一个重要的输入参数。

在进行投资组合的选择时，如果直接用证券间的协方差作为输入参数，会给计算带来困难。如代之以β 系数计算较为简便，从而β 系数称为投资组合决策的重要参数。

第三，反映证券组合的特性。

可以通过β 系数来反映一个投资组合与市场相比的特性。特别是基金管理公司，可能经营不同风格的基金，有的基金具有高风险特性，有的则具有低风险特性，这是通过β 系数来衡量的。在选择基金的时候，投资者应注意基金的β 系数，选择那些适合自己的风险偏好、经营业绩优良的基金，而不能盲目选择那些收益率较高的基金。而基金管理公司会监视自己经营的投资组合的β 系数的变化，及时调整投资组合。

第四，根据对市场走势的预测选择不同β 系数的证券可获得额外收益率。

由于β 系数反映了证券对市场变化的敏感性，当预测到一个大牛市即将到来时，应该选择那些高β 系数的证券，它将成倍地放大市场收益率，带来高额的收益；相反，在一个熊市到来之际，应该选择那些低β 系数的证券，在投资组合中应尽可能加进一些负β 系数的证券，调整投资结构以抵御市场风险。为避免非系统性风险，可以在相应的市场走势下选择相同β 水平的证券进行投资组合。

（4）证券市场线。

我们可以把期望收益-贝塔关系视为收益-风险等式，证券的贝塔值之所以是测度证券风险的适当指标，是因为贝塔与证券对最优风险组合风险的贡献度成正比。

风险厌恶型投资者通过方差来衡量最优风险资产组合的风险。我们认为，单项资产的期望收益或风险溢价取决于其对资产组合风险的贡献程度。股票的贝塔值测度的是它对市场组合方差的贡献程度。因此我们预期，对于任何资产和资产组合而言，所要求的风险溢价是关于贝塔值的函数。资本资产定价模型论证了这一直觉，并进一步表明证券的风险溢价与贝塔值和市场投资组合的风险溢价成正比，即证券的风险溢价等于$\beta[E(r_m)-r_f]$。

期望收益-贝塔关系就是证券市场线。因为市场的贝塔值为 1，其斜率就是市场投资组合的风险溢价，横轴为β 值，纵轴为期望收益，当横轴的β =1 时，这一点就是市场投资组合的期望收益率，如图 6.4 所示。

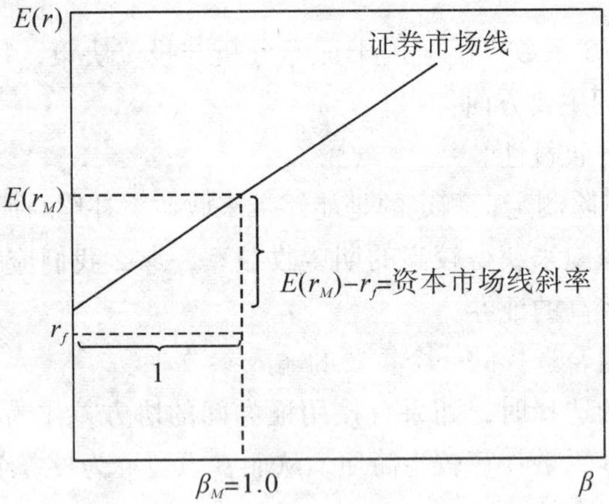

图 6.4 证券市场线

现在，我们将证券市场线与之前提过的资本市场线进行比较。资本市场线描绘了有效资产组合的风险溢价（有效资产组合是指由风险资产和无风险资产构成的资产组合）是资产组合的标准差函数。标准差可以用来衡量有效分散化的资产组合即投资者总的资产组合的风险。相比较而言，证券市场线刻画的是单个风险资产的风险溢价，它是该资产风险的一个函数。单项资产作为高度分散化资产组合中的一部分，其风险测度并不是资产的标准差或方差，而是该资产对资产组合方差的贡献程度，我们用贝塔值来测度这一贡献程度。证券市场线对有效资产组合和单项资产均适用。

证券市场线为评估投资业绩提供了一个基准。给定一项投资的以 β 值来测度的风险，证券市场线就能得出投资者为了补偿风险所要求的期望收益和货币的时间价值。

根据前面所给出的假定，在均衡市场中所有证券组合都必须在证券市场线上。值得注意的是，不同的证券组合可能有相同的 β 系数，从而处于证券市场线上的同一点。资本市场线则不同，只有有效证券组合的期望收益率与标准差存在线性关系，其他证券组合不满足这种关系。资本市场线上的任何证券组合与市场投资组合存在一个确定的线性关系，即有效证券组合与市场投资组合是完全正线性相关的。由于证券市场线是期望收益-贝塔关系的几何表述，所以“公平定价”资产一定在资本市场线上，也就是说，它们的期望收益与其风险是相匹配的。

当证券组合与市场投资组合的相关系数为 1 时，证券市场线和资本市场线是完全一样的。

6.3 单因素模型

6.3.1 单因素模型的一般形式

单因素模型认为证券的收益率受到某一因素的影响，这一因素可能是国内生产总值增长率或某一个行业的增长率。一般来讲，可用下列表达式表达单因素模型：

$$r_i = a_i + b_i F + \varepsilon_i \tag{6.11}$$

其中，F 表示因素值，b_i 表示证券 i 对这一因素的灵敏度。如果因素值为 0，那么这种证券的收益率等于 $a_i + \varepsilon_i$，因素值每变动一个单位，收益率 r_i 便增加或减少 b_i 单位。ε_i 是随机误差项，它是一个期望值为 0 和标准差等于 σ_{si} 的随机变量。根据单因素模型，证券 i 的预期收益率可以写成：

$$\bar{r}_i = a_i + b_i \bar{F} \tag{6.12}$$

其中，a_i 表示因素预期值为 0 时证券 i 的预期收益率。根据单因素模型，可知证券 i 的方差和协方差分别为：

$$\sigma_i^{\ 2} = b_i^{\ 2} \sigma_F^{\ 2} + \sigma_{si}^{\ 2} \tag{6.13}$$

$$\sigma_{ij} = b_i b_j \sigma_F^{\ 2} \tag{6.14}$$

式（6.13）和式（6.14）是否成立基于两个关键假定：第一个假定是随机误差项与因素不相关，意思是这个因素的结果与随机误差项的结果无关；第二个假定是任意两种证券的随机误差项不相关，意思是一种证券的最忌误差项的结果与另一种证券的随机误差项的结果之间无关。换句话讲，仅仅通过两种证券对这一因素作用的共同反应，两种证券才会相关。如果这两个假定中有一个假定不成立，这个模型就只是一个近似模型。从理论上来讲，可以找到另一个因素模型，它将成为更为精确的收益率决定模型。

6.3.2 单因素模型的两个特征

单因素模型有两个特征，马科维茨的证券组合理论为了决定切点处证券组合的构成，需要估计所有证券的预期收益率、方差和协方差。而单因素模型首先要估计 N 种风险证券中每一证券的 a_i、b_i 和 σ_{si}，然后决定 F 的预期值和它的标准差。基于这些估计值，运用式（6.12）、式（6.13）、式（6.14）计算证券的预期收益率、方差和协方差。根据这些数值，可以推导出马科维茨的曲线型有效组合。

单因素模型的第二个特征是投资分散化导致非系统风险降低。在式（6.13）中，等式右边的第一项称为这种证券的因素风险，第二项称为这种证券的非因素风险。我们知道，投资分散化导致系统风险平均化和减小非系统风险。对于单因素模型而言，分散化导致因素风险平均化和减小非因素风险。

随着投资的分散化，证券组合中包含有更多种类的证券，对于每一种证券的投资比例变得越来越小。然而，这种情况并不会引起 b_i 显著地增大或减小，除非有意识地加入具有非常高或非常低 b_i 值的证券。这是因为证券组合的 b_p 是单一证券灵敏度 b_i 的简单加权平均数，其权数是所投资证券的比例。因此，投资分散化导致因素风险平均化。然而，投资越分散化，资产组合的非因素风险将会减小。

6.3.3 因素模型和均衡

值得注意的是，因素模型不是一种资产定价的均衡模型。如果均衡存在，因素模型中的参数和均衡资产定价模型中的参数之间就有一定的联系。

根据式（6.12），如果实际收益率是由包含因素 r_M 的单因素模型决定，那么，由于 $\bar{F}=\bar{r}_M$，则预期收益率 $=a_i+b_i\bar{r}_M$。如果均衡存在，根据资本资产定价模型，那么：

$$\begin{aligned}\bar{r}_i &= r_F+(\bar{r}_M-r_F)\beta_i \\ &= r_F-r_F\beta_i+\bar{r}_M\beta_i \\ &= (1-\beta_i)r_F+\bar{r}_M\beta_i\end{aligned} \tag{6.15}$$

这表明单因素模型与CAPM参数之间必定有如下关系：

$$a_i=(1-\beta_i)r_F \qquad b_i=\beta_i \tag{6.16}$$

如果预期收益率由CAPM参数决定，而实际收益率由单因素模型决定，那么上面两个式子必然成立。

6.4 多因素模型

经济社会状况的好坏影响着大多数公司，对未来预期的改变将会对大多数证券的收益率产生影响。有一些影响证券收益率的因素已经成为投资者的共识。例如：①对实际国民生产总值增长率的预期；②对实际利率的预期；③对通货膨胀率的预期；④对每股收益的预期；⑤流通股的规模大小。用多因素模型取代单因素模型分析证券的收益率，将会更加切合实际。作为多因素模型的一个特例，我们先分析有两个因素的模型，即假定收益率决定模型含有两种因素。

6.4.1 两因素模型

两因素模型表达如下：

$$r_i=a_i+b_{i1}F_1+b_{i2}F_2+\varepsilon_i \tag{6.17}$$

其中，F_1 和 F_2 分别代表影响证券收益率的两个因素，b_{i1} 和 b_{i2} 代表证券 i 对这两个因素的灵敏度，ε_i 为随机误差项，a_i 是当两个因素值为0时证券 i 的预期收益率。在两因素模型里，需要对每一种证券估计四个参数，它们是 a_i、b_{i1}、b_{i2} 和随机误差项的标准差 σ_{ε_i}。对于每一个因素而言，需要估计两个参数。这些参数是每一个因素的预期值和每一个因素的标准差。根据这些参数估计值，通过下列公式可得到任意一种证券 i 的预期收益率：

$$\overline{r_i}=a_i+b_{i1}\overline{F_1}+b_{i2}\overline{F_2} \tag{6.18}$$

如果因素之间不存在相关关系，对于任意一种证券，它的方差是：

$$\sigma_i^2=b_{i1}^2\sigma_{F1}^2+b_{i2}^2\sigma_{F2}^2+\sigma_{\varepsilon i}^2 \tag{6.19}$$

任意两种证券 i 和 j 的协方差是：

$$\sigma_{ij}=b_{i1}b_{j1}\sigma_{F1}^2+b_{i2}b_{j2}\sigma_{F2}^2 \tag{6.20}$$

如果因素之间存在相关关系，需要运用更复杂的方程来估计方差和协方差。与单因素模型类似，一旦运用上述方程估计出每一种证券的预期收益率、协方差和方差，投资者就能够推导出马科维茨曲线型有效组合，然后给定无风险收益率，就能确定切点处的证券组合，投资者可根据他的无差异曲线决定最优证券组合。

前面讨论单因素模型所得到的结论和投资分散化的影响，对多因素模型同样适用。特别值得注意的是，一个处于良好投资分散化状态下的证券组合，非因素风险将非常微小。如同单因素模型，在多因素模型中证券组合对一种特定因素的灵敏度是组合中各证券灵敏度的加权平均数，其权数等于每一种证券的投资比例。证券组合的收益率是它所包含的证券收益率的加权平均数：

$$r_p = \sum_{i=1}^{N} x_i r_i \tag{6.21}$$

用式（6.17）右边项取代上式右边项中的 r_i，得到：

$$\begin{aligned} r_p &= \sum_{i=1}^{N} x_i(a_i + b_{i1} F_1 + b_{i2} F_2 + \varepsilon_i) \\ &= a_p + b_{p1} F_1 + b_{p2} F_2 + \varepsilon_p \end{aligned} \tag{6.22}$$

其中，$a_p = \sum_{i=1}^{N} x_i a_i \quad b_{p1} = \sum_{i=1}^{N} x_i b_{i1} \quad b_{p2} = \sum_{i=1}^{N} x_i b_{i2} \quad \varepsilon_p = \sum_{i=1}^{N} x_i \varepsilon_i$

尤其值得注意的是证券组合的灵敏度b_{p1}和b_{p2}是它所包含证券的灵敏度b_{i1}和b_{i1}的加权平均数。

6.4.2 多因素模型的一般形式

多因素模型的一般形式如下：

$$r_i = a_i + b_{i1} F_1 + b_{i2} F_2 + \cdots + b_{ij} F_j + \varepsilon_j \tag{6.23}$$

其中，j 表示因素个数。

$$r_p = \sum_{i=1}^{N} x_i r_i \tag{6.24}$$

在国外发达证券市场上，很多投资公司把单因素模型运用到证券组合管理中。然而，多因素模型的应用日益增加。这些模型既或多或少包含影响到所有证券收益率的共同因素，例如国民生产总值增长率，也有仅影响一组特定证券收益率的部门因素。投资分析的主要任务就是确定一个适当的因素模型，即要决定有多少影响因素和这些因素是什么。多种可供选择的因素模型的存在，给投资者提供了很大的选择范围。一旦投资者做出自己的选择，他就会把目标集中在估计合适的参数上，从而计算出预期收益率、方差和协方差，然后，根据这些计算结果，导出马科维茨有效组合。

6.5 套利定价模型

史蒂芬·罗斯在 1976 年提出套利定价理论（Arbitrage Pricing Theory，简称 APT）。和 CAPM 一样，套利定价理论也是一个均衡资产定价模型。与 CAPM 不同的是，APT 假定收益率由一个因素模型所决定；而且，APT 并不需要像 CAPM 那样做出一系列极其严格的假设，即 APT 并不依据预期收益率和标准差来寻找证券组合。罗斯的套利定价理论基于三个基本假设：①因素模型能描述证券收益；②市场上有足够多的证券来分散风险；③完善的证券市场不允许任何套利机会存在。

6.5.1 因素证券组合

套利定价理论假定收益率由因素模型决定，但是并没有指出由多少因素，这些因素是什么。为了简化和便于说明，假定有 F_1 和 F_2 两个因素，根据式（6.11），这些因素导致收益率产生。同时假定有非常多的证券，这些证券对这两种因素有不同的灵敏度。

在套利定价模型中，首先要构造纯因素证券组合。给定具有不同特点的足够多的证券，有可能构造一个对一种因素有单位灵敏度（即灵敏度等于1），对其他因素灵敏度为0和不存在非因素风险的证券组合。而且应该持有尽可能多的证券，使得具有正的非因素收益率的证券数量大体等于具有负的非因素收益率的证券数量。

要构造纯因素为1的证券组合，即以下等式成立：

$$b_{A1}x_A+b_{B1}x_B+b_{C1}x_C=b_{p1}=1 \tag{6.25}$$

$$b_{A2}x_A+b_{B2}x_B+b_{C2}x_C=b_{p2}=0 \tag{6.26}$$

如果存在按以上证券组合进行投资的可能性，当组合中包含的证券数量足够多时，将可能构造一个具有非常小的非因素风险（即 $\varepsilon_p=0$）的证券组合。因此，靠选择恰当的证券投资比例，投资者能创造一个对因素1的灵敏度为1的证券组合：

$$r_{p1}=a_{p1}+F_1 \tag{6.27}$$

由于 $b_{p1}=1$，$b_{p2}=0$，$\varepsilon_{p1}=0$ 这是一个纯因素1的证券组合，它的收益率与第一种因素呈一一对应关系。

同样也可以构造一个纯因素2的证券组合，使证券组合 P_2 仅对因素2有灵敏度：

$$r_{p2}=a_{p2}+F_2 \tag{6.28}$$

在一个证券种类非常多的市场中，从理论上讲，可以构造一个某一因素对证券组合收益率具有单位影响的证券组合。这种证券组合仅对一种因素有单位灵敏度，对其他因素灵敏度为0并且具有非常小的非因素风险。在实际中，这个条件不可能完全满足，意味着仅能构造不太纯粹因素的证券组合。虽然套利定价理论假定可以构造纯因素证券组合，但并没有考虑这一假定的合理性。但是，相对于假设的合理性而言，APT预测的精确性更为重要。

对于纯因素1的证券组合，它的预期收益率依赖于相关因素的预期值。一个简便的方法就是把预期收益率分解成两个部分：①无风险利率；②其余部分。常常用希腊字母 λ 表示并被看成是每单位因素灵敏度的预期收益率升水。因而，纯因素1的证券组合的预期收益率是：

$$\bar{r}_{p1}=r_F+\lambda_1 \tag{6.29}$$

类似地，纯因素2的证券组合的预期收益率是：

$$\bar{r}_{p2}=r_F+\lambda_2 \tag{6.30}$$

用多种不同证券构成纯因素1的证券组合的可能性是存在的，然而每一种组合都具有相同的预期收益率吗？从理论上讲，回答是肯定的。虽然纯因素证券组合在构成上不是唯一的，但它们的收益率是唯一的。

设想有两个纯因素 1 的证券组合，它们有不同的收益率，这仅仅是因为有不同的 a 值（式中的 a_{p1}）。现在，考虑出售具有较低预期收益率的证券组合，以及购买具有较高预期收益率的那一个证券组合。在这种情况下，因素 1 无论发生什么情况，投资者都将获得非正常收益。显而易见，这种情况不可能长期存在。为什么呢？这是因为在均衡条件下，两种相同资产（在这里，两者都是纯因素 1 证券组合）的定价必定提供同样的预期收益率。这是因为投资者将购买具有较高收益率的证券组合，同时出售具有较低收益率的证券组合，这样将引起前者价格上升，预期收益率下降，同时也将引起后者价格下降，预期收益率上升，直到两种证券组合具有相同的预期收益率。由于这种价格运动的结果，开始投资者会获得非正常收益，不久以后，这种获利机会会消失。套利行为将保证所有纯因素 1 的证券组合具有同样的预期收益率 $r_F+\lambda_1$。

上述套利行为可以归纳为，投资者通过选择适当的投资比例使得：

$$b_{11}x_1 + b_{21}x_2 + \cdots + b_{N1}x_N = \sum_{i=1}^{N} b_{i1}x_i = 0 \tag{6.31}$$

这意味着不承担因素风险。

$$x_1 + x_2 + \cdots + x_N = \sum_{i=1}^{N} x_i = 0 \tag{6.32}$$

这意味着通过数量相同、方向相反的操作而不需要额外的资金。

$$E(r_1)x_1 + E(r_2)x_2 + \cdots + E(r_N)x_N = \sum_{i=1}^{N} E(r_i)x_i > 0 \tag{6.33}$$

这意味着获得正的期望收益率。

当所有投资者通过这种套利获得正的期望收益率时，具有相同因素风险的证券组合必定提供相同的收益率。无风险利率的存在是套利定价理论的一个自然组成部分。当选择具有投资分散化特点的多种证券时，可以构成这样一种证券组合，这种证券组合对每一种因素的灵敏度为零，而且只有微不足道的非因素风险。它的预期收益率实际上是无风险收益率，可作为测定其他预期收益率的基础。

6.5.2 套利定价理论与资本资产定价模型

1976 年，美国学者斯蒂芬·罗斯在《经济理论杂志》上发表了经典论文“资本资产定价的套利理论”，提出了一种新的资产定价模型，此即套利定价理论（APT 理论）。套利定价理论用套利概念定义均衡，不需要市场组合的存在性，而且所需的假设比资本资产定价模型（CAPM 模型）更少、更合理。

与资本资产定价模型一样，套利定价理论假设：

①投资者有相同的投资理念；

②投资者是回避风险的，并且要效用最大化；

③市场是完全的。

与资本资产定价模型不同的是，套利定价理论没有以下假设：

①单一投资期；

②不存在税收；

③投资者能以无风险利率自由借贷；

④投资者以收益率的均值和方差为基础选择投资组合。

同时，套利定价理论与资本资产定价模型具有很多相同的作用。它提供了一种可用于资本预算、证券估值以及投资业绩评价的收益率基准线。此外，套利定价理论强调了不可分散风险需要风险溢价来补偿，而可分散风险不需要这一重要区别。

套利定价理论是一个非常吸引人的模型。它依赖于“资本市场中的理性均衡会排除套利机会”的假设。即便是很少的投资者注意到市场的不平衡，违背套利定价理论关系将会产生巨大的压力使之恢复平衡。进一步说，套利定价理论利用一个由许多证券构成的充分分散的投资组合来得出期望收益-贝塔关系。

与之相比，资本资产定价模型建立在假设存在一个内生的不可观测的“市场”投资组合上。资本资产定价模型依赖均方差的有效性，也就是说，如果有证券违背了期望收益-贝塔关系，那么许多投资者（除相关的小部分）将调整自己的投资组合，使他们共同对价格造成压力，迫使这种关系再次满足。

尽管存在着明显的优势，与资本资产定价模型相比，套利定价理论并没有完全占据优势。资本资产定价模型对所有证券的期望收益-贝塔关系做出了明确清晰的阐述，而套利定价理论表示只对除一小部分之外的所有证券适用。由于它着眼于无套利条件，不需要市场或指数模型的进一步假定，因此套利定价理论不能排除特殊的单个资产违背期望收益-贝塔关系。对于这些，我们需要资本资产定价模型的假设以及它的占有性观点。

除此以外，两者也有很多共同点。①二者都假定了资本市场上不存在交易成本或交易税，或者都认为如果存在交易成本、交易税，则其对所有的投资者而言都是相同的。②二者都将存在的风险划分为系统性风险和非系统性风险，也就是市场风险和公司自身的风险。而且两种模型都认为通过投资的多元化组合，通过投资者的合理优化投资结构，能够大部分甚至完全消除公司自身存在的风险。因此，在计算投资组合的预期回报时，两种模型的数学表达式都认为资本市场不会由于投资者承担了这部分风险而给予他们补偿，因而不列入计算式中。③资本资产定价理论可以看作是套利定价理论在更严格假设条件下的特例。

CAPM 和 APT 的提出对全世界的金融理论研究和实践均产生了巨大的影响，其主要表现有：

①大多数机构投资者都按照预期收益率-β 系数的关系（或者单位风险报酬）来评价其投资业绩；

②大多数国家的监管当局在确定被监管对象的资本成本时，都把预期收益率-β 系数的关系连同对市场指数收益率的预测作为一个重要因素；

③法院在衡量未来收入损失的赔偿金额时也经常使用预期收益率-β 系数的关系来确定贴现率；

④很多企业在进行资本预算决策时也使用预期收益率-β 系数的关系来确定最低要求收益率。由此可以知道，将两者结合起来能比单纯的 APT 做出更精确的预测，又能

比 CAPM 做出更广泛的分析，从而为投资决策提出更充分的指导。

总之，两者都是金融学中重要的理论和模型。套利定价理论导出了与资本资产定价模型相似的一种市场关系。套利定价理论以收益率形成过程的多因子模型为基础，认为证券收益率与一组因子线性相关，这组因子代表证券收益率的一些基本因素。事实上，当收益率通过单一因子（市场组合）形成时，将会发现套利定价理论形成了一种与资本资产定价模型相同的关系。因此，套利定价理论可以被认为是一种广义的资本资产定价模型，为投资者提供了一种替代性的方法，来理解市场中的风险与收益率间的均衡关系。套利定价理论与现代资产组合理论、资本资产定价模型、期权定价模型等一起构成了现代金融学的理论基础。

7 证券投资的基本分析

基本分析又称基本面分析，是指证券投资分析人员根据经济学、金融学、财务管理学及投资学的基本原理，对决定证券投资价值及价格的基本要素如宏观经济指标、经济政策走势、行业发展状况、产品市场状况、公司销售和财务状况，评估证券的投资价值，判断证券的合理价位，从而提出相应的投资建议的一种分析方法。

基本分析的理论基础建立在一个前提条件之下，即市场是弱式有效的，通过公布的财务报表等基本信息预测收益流量将有助于分析证券价格走势，而任何金融资产的"真实"（或"内在"）价值等于这项资产所有者的所有预期收益流量的现值。

基本面的分析要从经济环境、行业环境和政府政策三个方面进行。

7.1 经济环境与证券投资

7.1.1 国际经济环境与证券投资

自1978年改革开放以来，我国经济已越来越深入地融入世界经济一体化的潮流中。2001年我国加入WTO之后，经济逐步全面开放，国际化的进程越来越快，世界经济的每一个变化都将对我国经济产生影响。虽然我国资本市场在WTO框架下具有限度的逐步开放，但其国际化的趋势是可以预期的。资本市场作为整体经济中的一部分，不可能不受到我国经济日益开放的影响，事实上，投资者已经越来越感受到来自国际经济因素对股票市场的影响。

国际贸易关系的变动主要影响到产品市场和原材料供应依靠国外的公司，国际贸易发展也可能为原来以国内市场为主的公司带来国际合作的机会，拓展这类公司发展的市场空间。在分析国际贸易对证券价值的影响时，应重点关注这四个方面。一是世界经济形势，主要是美国、德国、日本、英国、法国、意大利、加拿大这七国的经济形势，特别是作为世界经济火车头的美国的经济。这七个国家的GDP占全球的一半以上，一旦七国经济不景气，对世界经济的影响巨大，作为全球大家庭的一员，中国的经济很难幸免。二是主要贸易伙伴的经济形势。我国的主要贸易伙伴是美国、日本、欧共体和东南亚各国，其经济形势的好坏会直接影响我国的出口需求。三是与主要贸易国的贸易关系，如贸易保护、贸易壁垒、贸易摩擦、反倾销起诉等。四是公司主要出口国的相关变化。我国经济的出口依赖程度较低，出口需求对总需求的影响总的来说不大。但随着经济开放程度的提高，可以预见，国内经济将更多依赖出口需求。

我国的资本市场还没有对外开放，人民币在资本项目下不能自由兑换，从理论上讲，国际金融市场的动向对我国股票市场影响不大。但投资者不能忽视以下四个方面：一是国际金融市场出现大的震荡，会波及H股、B股和N股，而H股、B股和N股的价格变动又会影响A股，但小幅波动对我国股票市场影响不大；二是世界各国股票市场会对一些因素如石油价格、战争、全球性的行业兴衰做出共同反应，而国外市场的反应往往更为敏捷和准确，国外市场的价格变动具有预示和借鉴作用；三是国外股票市场的一些投资理念、操作技巧会影响投资者，特别是机构投资者；四是国际股票市场的剧烈变动对投资者的信心有影响。

另外，由于美国经济对世界经济具有举足轻重的影响，因此，美联储的货币政策和本币对美元的汇率是投资者应该关心的事情。美联储的货币政策会影响美国经济的走向进而影响世界经济的走向、纽约股票市场的涨跌、美元对其他货币的汇率、其他国家的货币政策，而这些都是影响股票价格的因素。

由于我国实行的是有管理的浮动汇率制，人民币在资本项目下不能自由兑换，人民币对美元的汇率的变动从理论上讲对我国股票市场影响不大。但人民币汇率的变动会导致以非正规形式进入股票市场资金的流动；开放型国家股票市场的剧烈波动往往以汇率的剧烈波动为先导，汇率波动会给投资者以剧烈的预期；汇率的变动会引致B股的波动，进而影响A股。这几个方面是投资者进行分析时应该考虑的。

7.1.2 国内经济环境

在衡量一国经济运行的状态时，我们经常使用国内生产总值（GDP）、就业、通货膨胀率和国际收支平衡等经济指标，这些实际上就是宏观经济政策的目标。

（1）国内生产总值（GDP）。

GDP是一国在一定时期内生产的最终产品的货币总价值。由于存在通货膨胀，物价总水平不断上升，因而用“货币”这个变动的尺度来衡量国内生产总值，其存在的缺陷是显然的，必须加以修正。经济学上用价格指数来调整名义GDP的值，得到实际GDP，从而剔除了通货膨胀因素的影响。

（2）就业率。

高就业率或低失业率是宏观经济追求的另一个重要目标。当失业率很高时，资源被浪费，人们收入减少，有效需求不足。失业率上升与下降是以GDP相对于潜在GDP的变动为背景的。

（3）通货膨胀。

通货膨胀是指用某种价格指数衡量的一般价格水平的上涨。通货膨胀对社会经济会产生两个方面的影响：①收入和财富的再分配；②不同商品相对价格的变动。

（4）对外经济政策。

一切开放的经济都需要进口和出口物品与劳务。对外经济的政策目标是以稳定的外汇汇率和进出口大致平衡为标志的对外经济关系。

7.2 证券投资的行业分析

对证券投资分析而言，行业因素是介于宏观和微观之间重要的经济因素。行业的发展状况对于该行业的上市公司影响非常巨大。从某种意义上来说，投资于某上市公司，实际上就是以某行业为投资对象。行业是一个企业群体，这个企业群体的成员由于其产品（包括有形与无形）在很大程度上可相互替代而处于一种彼此紧密联系的状态，并且由于产品可替代性的差异而与其他企业群体相区别。

在国民经济中，一些行业的增长率与国内生产总值的增长率保持同步，另一些行业的增长率高于国内生产总值的增长率，而有一些行业的增长率则低于国内生产总值的增长率。鉴于这一现象，如果选择某企业进行投资，那么研究其所属的行业是必要的，也就是说要研究行业的性质，尤其是增长趋势。当然，这并不是说行业的增长率一定要比国内生产总值增长率高才能进行投资。但是了解行业的增长情况，对正确做出投资策略是有帮助的。

7.2.1 行业的市场类型和股票投资

行业的市场类型随该行业中企业的数量、产品的性质、价格的制定和其他一些因素的变化而变化。由于市场类型的不同，行业可分为四种：完全竞争、不完全竞争或垄断竞争、寡头垄断、完全垄断。

完全竞争是指许多企业生产同质产品的市场类型。完全竞争是一个限定条件很严格的市场类型，其根本特点在于所有的企业都无法控制市场的价格和使产品差异化。在现实经济中，完全竞争的市场类型很少见，初级产品的市场近似于完全竞争。

垄断竞争是指许多生产者生产同种但不同质产品的市场类型。在国民经济各行业中，制成品的市场一般属于这种类型。

寡头垄断是指相对少量的生产者在某种产品的生产中占据很大市场份额的情形。在这个市场上，通常存在着一个起领导作用的企业，其他企业会随该企业定价与经营方式的变化而相应地进行某些调整。资本密集型、技术密集型产品，如钢铁、汽车、彩电、冰箱、空调等，以及少数储量集中的矿产品如石油等的市场多属这种类型。因为生产这些产品所必需的巨额投资、复杂的技术或产品储量的分布限制了新企业对这个市场的进入。

完全垄断是指独家企业生产某种特质产品的情形。完全垄断市场类型的特点是：①由于市场被独家企业所控制，产品又没有或缺少合适的替代品，因此，垄断者能够根据市场的供需情况制定理想的价格和产量，在高价少销和低价多销之间进行选择，以获取最大的利润；②垄断者在制定产品的价格与生产数量方面的自由性是有限度的，它要受到反垄断法和政府管制的约束。

7.2.2 行业的周期性与股票投资

行业变动时，往往呈现出明显的、可测的增长或衰退。这些变动与国民经济总体的周期变动是有关系的，但关系密切程度不一样。据此，可以将行业分为以下三类：增长型行业、周期性行业和防守型行业。

增长型行业的运动形态与经济活动总水平的周期及其振幅关系不大。这些行业收入增加的速率相对于经济周期的变动来说，并未出现同步变化，因为它们主要依靠技术的进步、新产品的推出以及更优质的服务，从而使其呈现出高增长形态。在近几年，计算机软件、通信、电子元件和生物工程等产业表现出了这种形态。投资者对高增长的行业十分感兴趣，主要是因为这些行业的高速成长给投资者带来了股票价值的成倍增长。

周期性行业的运动状态与经济周期直接相关。当经济处于上升时期，这些行业会紧随其扩张；当经济衰退时，这些产业也相应跌落。产生这种现象的原因是，当经济衰退时，对这些产业相关产品的购买被延迟到经济改善之后。

防守型行业的产品需求相对稳定，行业运动形态并不受经济周期衰退的影响。典型的是食品业，因为无论经济处于哪个阶段，人总是要吃饭的。公用事业也可以认为是防守型的行业。

7.2.3 行业的生命周期与股票投资

进一步地，在行业内部还可以进行下一步划分。通常，每个行业都会经历一个由成长到衰退的发展演变过程，这个过程便称为行业的生命周期。一般地，行业的生命周期可以分为四个阶段：幼稚期、成长期、成熟期和衰退期。

（1）幼稚期。

这一时期的产品设计尚未成熟，行业利润率较低，市场增长率较高，需求增长较快，技术变动较大，行业中的用户主要致力于开辟新用户、占领市场，但此时技术上有很大的不确定性，在产品、市场、服务等策略上有很大的余地，对行业特点、行业竞争状况、用户特点等方面的信息掌握不多，企业进入壁垒较低。

这个时期的特点是：企业规模可能很小，关于该行业的企业如何发展有不同看法，产品类型、特点、性能和目标市场不断发展变化；市场中充满各种新发明的产品或服务，管理层采取战略支持产品上市；产品设计尚未成熟，行业产品的开发相对缓慢，利润率较低，市场增长率较高。

另外，在幼稚期，企业还可能因为财务困难而引发破产的风险。因此，这类企业更适合投机者而不是投资者。在幼稚期后期，随着产品生产技术的提高、生产成本的降低和市场需求的扩大，新产业便逐步由高风险、低收益的幼稚期转向高风险、高收益的成长期。

（2）成长期。

这一时期的市场增长率很高，需求高速增长，技术渐趋定型，行业特点、行业竞争状况及用户特点已比较明朗，企业进入壁垒提高，产品品种及竞争者数量增多。

这个时期的特点是：该行业已经形成并快速发展，大多数企业因高增长率而在行业中继续存在；管理层需确保充分扩大产量达到目标市场份额；需大量资金达到高增长率和扩产计划，现金短缺；利用专利或者降低成本来设置进入壁垒（内在规模经济），阻止竞争者进入行业。

在成长期的后期，由于行业中生产厂商与产品竞争优胜劣汰规律的作用，市场上生产厂商的数量大幅度下降之后开始稳定。由于市场需求基本饱和，产品的销售增长率减慢，迅速赚取利润的机会减少，整个产业开始进入成熟期。

（3）成熟期。

这一时期的市场增长率不高，需求增长率不高，技术上已经成熟，行业特点、行业竞争状况及用户特点非常清楚和稳定，买方市场形成，行业盈利能力下降，新产品和产品的新用途开发更为困难，行业进入壁垒很高。

这一时期的特点是：行业增长率降到较正常水平，相对稳定，各年销售量变动和利润增长幅度较小，竞争更激烈；后期一些企业因投资回报率不满意而退出行业，一小部分企业主导行业，需监控潜在兼并机会（啤酒行业）、探索新市场（中国拖拉机出口）、研发新技术、开发具有不同特色功能的新产品；战略管理至关重要。

（4）衰退期。

这一时期的行业生产能力会出现过剩现象，技术被模仿后出现的替代产品充斥市场，市场增长率严重下降，需求下降，产品品种及竞争者数目减少。

从衰退的原因来看，可能有四种类型的衰退，它们分别是：①资源型衰退，即由于生产所依赖的资源的枯竭所导致的衰退；②效率型衰退，即由于效率低下的比较劣势而引起的行业衰退；③收入低弹性衰退，即因需求—收入弹性较低而衰退的行业；④聚集过度性衰退，即因经济过度聚集的弊端所引起的行业衰退。

这个阶段的特点是：行业生产力过剩，技术被模仿后出现的替代品充斥市场，市场增长率严重下降，产品品种减少，行业活动水平随各公司从该行业退出而下降，该行业可能不复存在或被并入另一行业；行业的存在期比任何单一产品都要长；充分运用战略管理很重要。

上述对行业周期四个阶段的说明只是一个总体状况的描述，它并不适用于所有行业的情况。行业的实际生命周期由于受产业性质，政府干预、国外竞争和能源结构的变化等许多因素的影响而复杂得多。有些行业由于创业投资需要量小，产品比较符合消费者需要，因而幼稚期可能很短，甚至一开始就可能盈利。但上述有关行业生命周期的说明仍然概括了很多行业的增长形态，具有普遍意义。

研究行业生命周期的目的在于帮助人们选择比较合理的行业进行投资，对投资者起到重要的指导作用。

7.3 政府政策与证券投资

与“看不见的手”相对应，政府采取一些有计划的政策，如货币政策和财政政策来调节经济活动的运行。

7.3.1 财政政策与证券投资

(1) 财政政策的含义和主要手段。

财政政策是指一国政府根据一定时期政治、经济、社会发展的任务而规定的一系列的方针、准则和措施的总称。政府主要通过财政支出与税收政策来调节总需求。增加政府支出，可以刺激总需求，从而增加国民收入，反之则压抑总需求，减少国民收入。税收对国民收入是一种收缩性力量，因此，增加政府税收，可以抑制总需求，从而减少国民收入，反之，则刺激总需求，增加国民收入。它由国家制定，代表统治阶级的意志和利益，具有鲜明的阶级性，并受一定的社会生产力发展水平和相应的经济关系制约。

财政政策是国家整个经济政策的组成部分，同其他经济政策有着密切的联系。财政政策的制定和执行，要有金融政策、产业政策、收入分配政策等其他经济政策的协调配合。

中国财政政策的基本手段主要有国家预算、税收、财政补贴等。这些手段可以单独使用，也可以配合使用。

①国家预算。

国家预算主要通过预算收支规模及平衡状态的确定、收支结构的安排和调整来实现财政政策目标。它是财政政策的主要手段。作为政府的基本财政收支计划，国家预算能够全面反映国家财力规模和平衡状态，并且是各种财政政策手段综合运用结果的反映，因而在宏观调控中具有重要的作用。

国家预算收支的规模和收支平衡状态可以对社会供求的总量平衡产生影响。在一定时期，当其他社会需求总量不变时，财政赤字具有扩张社会总需求的功能。财政采用结余政策和压缩财政支出具有缩小社会总需求的功能。国家预算的支出方向可以调节社会总供求的结构平衡。财政投资主要运用于能源、交通及重要的基础产业、基础设施的建设。财政投资的多少和投资方向直接影响和制约国民经济的部门结构。因而具有造就未来经济结构的作用，也有矫正当期结构失衡状态的功能。

②税收。

税收主要通过税种、税率来确定和保证国家财政收入，调节社会经济的分配关系，以满足国家履行政治经济职能的财力需要，促进经济稳定协调发展和社会的公平分配。它是国家凭借政治权力参与社会产品分配的重要形式。由于税收具有强制性、无偿性和固定性特征，使得它既是筹集财政收入的主要工具，又是调节宏观经济的重要手段。

税收可以调节社会总供求的结构，可以根据消费需求和投资需求的不同对象设置税种或在同一税种中实行差别税率，以控制需求数量和调节供求结构。

③财政投资。

财政投资通过国家预算拨款和引导预算外资金的流向、流量，以实现巩固和壮大社会主义经济基础，调节产业结构的目的。

④财政补贴。

财政补贴是国家根据经济发展规律的客观要求和一定时期的政策需要，通过财政转移的形式直接或间接地对农民、企业、职工和城镇居民实行财政补助，以达到经济稳定协调发展和社会安定的目的。

⑤财政信用。

财政信用是国家按照有偿原则，筹集和使用财政资金的一种再分配手段，包括在国内发行公债和专项债券，在国外发行政府债券，向外国政府或国际金融组织借款，以及对预算内资金实行周转有偿使用等形式。

⑥财政立法和执法。

财政立法和执法是国家通过立法形式对财政政策予以法律认定，并对各种违反财政法规的行为（如违反税法的偷税抗税行为等），诉诸司法机关按照法律条文的规定予以审理和制裁，以保证财政政策目标的实现。

⑦财政监察。

财政监察是实现财政政策目标的重要行政手段，即国家通过财政部门对国有企业事业单位、国家机关团体及其工作人员执行财政政策和财政纪律的情况进行检查和监督。

（2）财政政策的运作对证券投资的影响。

财政政策分为宽松的财政政策、紧缩的财政政策和中性财政政策。

宽松的财政政策是指通过财政分配活动来增加和刺激社会的总需求；增加国债、支出大于收入，出现财政赤字来实现。具体来说，它主要通过以下四个途径对证券市场产生影响：

①减少税收，降低税率，扩大减免税范围。其政策的经济效应是：增加微观经济主体的收入，刺激经济主体的投资需求，从而扩大社会供给。其对证券市场的影响是通过增加人们的收入引起证券市场价格上涨，并同时增加他们的投资需求和消费支出使得社会总需求增加。总需求增加又反过来刺激投资需求，企业扩大生产规模，企业利润增加，企业税后利润增加，这也将刺激企业扩大生产规模的积极性，进一步增加利润总额，从而促进股票价格上涨。

②扩大财政支出，加大财政赤字。其政策效应是扩大了社会总需求，从而刺激投资，扩大就业。政府通过政府购买和公共支出增加对商品和劳务的需求，刺激企业增加投入，提高产出水平，于是企业利润增加，经营风险降低，将使得股票价格上涨。同时，居民在经济恢复中增加了收入，持有货币增加，景气趋势更增加了投资信心，购买力增强，股市趋于活跃，价格自然会上涨。

③减少国债发行或回购部分短期国债。其政策效应是扩大货币流通量，以扩大社会总需求，从而刺激生产。

④增加财政补贴。财政补贴往往使财政支出扩大。其政策效应是扩大社会总需求和刺激供给增加。

紧缩的财政政策的经济效应及其对证券市场的影响与上述分析相反，不再一一叙述。

7.3.2 货币政策与证券投资

(1) 货币政策的含义和最终目标。

所谓货币政策就是指中央银行为实现国民经济的各种发展目标而进行的控制货币供给与信贷的行动。

从各国执行货币政策的实际情况看，中央银行货币政策的最终目标往往不止一个，而是多个，确切地说，通常是四个：物价稳定、充分就业、经济增长、国际收支平衡。除此之外，有的国家，比如美国，还将稳定金融纳入货币政策的最终目标，具体地说，就是将利率稳定和金融市场稳定作为货币政策的最终目标。

①物价稳定。

物价稳定是指在经济运行中保持一般物价水平的相对稳定。在现实经济生活中，物价水平往往随着社会总需求的扩大、商品成本的提高以及一些结构性经济因素的影响而呈现上涨趋势。中央银行以物价稳定为其货币政策的最终目标，就是要通过吞吐基础货币，控制货币供给量、信用量，平衡社会总需求与社会总供给，防止物价水平出现剧烈频繁的波动。

物价稳定一般是中央银行货币政策的首要目标，因为没有稳定的物价就意味着没有一个稳定的市场环境，价格信号失真，经济的不确定性增加，难以做出投资和消费的正确决策，从而最终影响经济的增长和就业的扩大。此外，通货膨胀的再分配效应既造成收入的不公平分配，也破坏社会的安定。一般物价水平的变动通过物价指数来测量，常用的物价指数主要有消费物价指数、批发物价指数、国民生产总值和物价平减指数等。

②充分就业。

充分就业作为货币政策最终目标的重要性主要表现在两个方面：第 ，严重的失业意味着生产资源的闲置和浪费，意味着产出的损失；第二，严重的失业是一种社会灾难，必将导致严重的社会不公正，进而危及社会的稳定。

充分就业不是绝对的，也不可能是绝对的。因为在市场经济的条件下，不仅劳动者有权选择合适的职业，企业也有权选择合适的个人。当一个劳动者因寻找合适的工作而处于失业状态时，这种失业应该是正常的。此外，一个具有就业能力的人，可能选择进一步学习或休息而自愿在一定时间内处于失业状态。企业也会因暂时找不到合适的个人而造成失业的增加。总之，存在自愿失业、摩擦失业以及结构性失业是正常的。

③经济增长。

经济增长目标与充分就业目标之间紧密关联，因为越接近充分就业，就越意味着生产资源被充分利用。各国通常将国民生产总值增长率、国民收入增长率、人均国民生产总值、人均国民收入增长率作为衡量经济增长的主要指标。资本量、劳动生产率、投资等因素均对一国的经济增长产生影响。中央银行作为金融当局，为实现既定的经济增长目标，可以凭借其所能操作的各种政策工具，增加货币供给、降低利率水平，以促进投资，或者控制通货膨胀，以消除不可预测的通货膨胀率变动对投资的影响。

④国际收支平衡。

国际收支平衡是指一国对其他国家的全部货币收入和货币支出相抵之后略有顺差或略有逆差的状态。在开放型经济中，国际收支是否平衡将对一国国内货币供应量与物价产生较大影响。如果出现过大顺差，则会增加一国国内货币供应量并相对减少该国市场商品供应量，从而使该国市场货币供给偏多、商品供应不足的情况出现，加剧该国商品市场的供求矛盾，导致物价上涨。如果出现过大逆差，则会增加一国国内商品供应量，在该国国内货币量偏少的情况下，就会加剧该国国内市场商品过剩，可能导致经济增长停滞。可见，一国国际收支出现失衡，都将给该国经济造成不利影响。尤其是逆差，因而各国在调节国际收支平衡时，重点通常放在减少或消除逆差上。

（2）货币政策工具。

货币政策工具，即中央银行为谋求货币政策最终目标的实现而对货币供给量、信用量所使用的调控手段。一般性的货币政策工具主要包括：贴现政策、公开市场操作和法定存款准备金政策。

①贴现政策。

贴现政策的使用主要表现在中央银行改变贴现利率上。所谓贴现利率，在大多数的情况下其实就是中央银行对商业银行或存款类金融机构的贷款利率。贴现政策是通过影响贴现贷款和基础货币的量来影响货币供给的。

其政策效果是，中央银行提高或降低贴现率使商业银行或其他金融机构向中央银行借款的成本发生变化，从而渐次影响基础货币投放量、货币供应量与其他经济变量。商业银行的借款成本发生变化，进一步地影响市场的贷款利率，生产厂商的投资成本也会发生变化，进而影响信贷规模以及货币供应量。

贴现政策的最大优点是中央银行可以通过它来发挥最后贷款人的作用。在特殊情况下，中央银行还可以运用贴现政策来调整信贷结构，贯彻产业政策。

②公开市场操作。

公开市场操作是指中央银行为了影响货币供应量和市场利率，而在金融市场上公开买卖有价证券的行为。中央银行根据金融市场上的资金供求状况，适时、适度地买进或卖出有价证券以调节金融：当货币供给不足、利率偏高时，中央银行即在公开市场上买进有价证券，通过支付证券款项而增加基础货币的市场投放，由此推动货币供应量的增加和利率的降低；当货币供应过多、利率偏低时，中央银行即在公开市场上卖出有价证券，通过收取证券款项而减少市场上的基础货币量，由此引起货币供应量的减少和利率的上升。

公开市场的操作效果主要是通过调节市场利率、影响银行体系的准备金和货币供应量来实现的。中央银行在金融市场上买卖有价证券，直接影响利率水平高低或利率结构的变化。如果中央银行在公开市场上大量买进有价证券，必将推动有价证券价格上涨，进而导致利率水平下降，对经济产生扩张性影响；反之，则使有价证券价格下跌，利率水平上涨，对经济产生收缩性影响。

③法定存款准备金政策。

存款准备金或准备金，主要由两个部分构成：一是银行的库存现金；二是银行存入中央银行准备金账户上的存款余额。法定准备金也是由两个部分构成，不过其数额由中央银行依据法定准备金率加以规定，银行实际持有的准备金不得低于法定准备金数额的要求。

所谓法定存款准备金政策，是指中央银行凭借法律授权，规定和调整商业银行的法定存款准备金率，左右商业银行信贷规模，借以改变货币乘数，增减货币供给量，进而影响整个国民经济。

法定存款准备金率一旦发生改变，也就意味着银行必须持有的准备金数额随之改变。如果法定存款准备金率提高，则意味着对于同等数量的存款额所要求的准备金增加，于是也就意味着超额准备金的减少，甚至准备金的不足。在这种情况下，银行的贷款和投资或者不能增加，或者必须减少，而不管是哪一种情况发生，都可能意味着货币乘数的减小，从而使货币供给量降低；反之，则正好相反，货币乘数增大，货币供给量上升。

（3）货币政策的运作对证券投资的影响。

一国货币管理当局为实现既定的货币政策最终目标，启用一定的货币政策工具，作用于货币政策的中间目标，并适时适度地进行微调。在执行货币政策的过程中，必然会涉及各种中间环节相互间的有机联系或因果关系，涉及货币供给变动影响名义和实际变量的途径等，这就是货币政策从制定到发生作用的过程，整个过程将会无形中影响证券市场的投资活动。

关于货币政策的传导机制，凯恩斯学派的思路是：货币供给对于需求突然增加后，首先是利率下降，其次是利率下降又促使投资增加。如果消费倾向既定，则通过乘数作用，又可促使国民所得增加。凯恩斯认为，增加货币数量既会影响物价，也会影响产出，但首先是影响产出（使之增长）。在达到充分就业后，即包括劳动力和其他生产资料在内的生产要素的潜力被充分利用后，货币供给增加就只会影响物价。不过，凯恩斯还认为，在做进一步分析时，如果考虑到若干复杂因素，货币供给的增加所引起的有效需求的增加，一部分作用于就业量的增加，另一部分则作用于物价水平的提高。也就是说，在货币供给增加的过程中，并非由于失业存在时物价不变，一旦达到充分就业，物价就随货币数量作同比例变动，而且在就业量增加的同时物价也会逐渐上涨。

货币学派则认为：假定从原先的完全均衡状态出发，中央银行为增加货币供应量而在公开市场上购入证券，银行体系的准备金增加，其放款能力也随之增强。这样，商业银行就会通过降低利率，增加放款与投资，货币供应量因此而增加。在名义货币供应量增加的过程中，人们感觉较以前更加富有，从而将货币转向价格尚未上涨的其他资产，如股票和债券，从而影响证券市场的价格和收益率；而实际资产需求的增加和价格的上涨，又促使生产者增加生产，从而增加名义收入，进一步地又影响人们的投资行为。

总之，不管是哪种传导机制，都会对证券市场产生影响。总的来说，货币政策同样也分为宽松的货币政策和紧缩的货币政策。宽松的货币政策是指增加货币供应量，降低利率，放松信贷控制。紧缩的货币政策是指减少货币供应量，提高利率，加强信贷控制。宽松的货币政策将使得证券市场价格上涨，紧缩的货币政策将使得证券市场价格下跌。

8 证券投资的技术分析

8.1 技术分析概述

8.1.1 技术分析的概念

技术分析是通过对市场过去和现在的行为，运用一系列方法进行归纳和总结，概括出一些典型的行为，并据此预测证券市场的未来变化。技术分析的特征表现在三个方面。①运用历史资料进行分析，主要采用的数据是成交价和成交量。这些数据昭示了市场未来变化的某个方面。②大量采用统计指标和图形方法。历史资料毕竟是零乱的，并带有一定的随机成分，通过一定方法对历史资料进行加工，可使其中揭示未来的成分更加昭彰。③许多技术分析方法包含着对人们心理活动的定量分析。

所谓股价的技术分析，是相对于基本分析而言的。正如上一章所述，基本分析法着重于对一般经济情况以及各个公司的经营管理状况、行业动态等因素进行分析，以此来研究股票的价值，衡量股价的高低。而技术分析则是透过图表或技术指标的记录，研究市场过去及现在的行为反应，以推测未来价格的变动趋势。其依据的技术指标的主要内容是由股价、成交量或涨跌指数等数据计算而得的，我们也由此可知——技术分析只注重证券市场本身的变化，而不考虑会对其产生某种影响的经济方面、政治方面等各种外部的因素。

基本分析的目的是为了判断股票现行股价的价位是否合理并描绘出它长远的发展空间，而技术分析主要是预测短期内股价涨跌的趋势。通过基本分析我们可以了解应购买何种股票，而技术分析则让我们把握具体购买的时机。在时间上，技术分析法注重短期分析，在预测旧趋势结束和新趋势开始方面优于基本分析法，但在预测较长期趋势方面则不如后者。大多数成功的股票投资者都是把两种分析方法结合起来加以运用，他们用基本分析法估计较长期趋势，而用技术分析法判断短期走势和确定买卖的时机。

股价技术分析和基本分析都认为股价是由供求关系所决定的。基本分析主要是根据对影响供需关系种种因素的分析来预测股价走势，而技术分析则是根据股价本身的变化来预测股价走势。技术分析的基本观点是：所有股票的实际供需量及其背后起引导作用的种种因素，包括股票市场上每个人对未来的希望、担心、恐惧等，都集中反映在股票的价格和交易量上。

技术分析区别于其他分析方法的关键在于，它更像一门艺术。技术分析是成千上万证券市场投资者经验的结晶。其一，在它的各种理论体系中，从定义到规则，都带有明显的经验总结色彩，不具备严格的数学推理过程；其二，它包含的理论很多，每位技术分析家都有不同的见地，这些分支理论并不能形成一整套相互辉映的理论体系。因此，技术分析是经验的不断总结，有很浓的主观色彩。对于投资者来说，市场经验越丰富，对于技术分析的理解、应用就更有深切的体会，更能够很好地指导交易。

8.1.2 技术分析的假设条件

技术分析建立在三个前提条件下，如果三个前提条件不存在的话，那么技术分析没有任何意义。

（1）第一个条件：市场行为包容消化一切。

技术分析者认为，能够影响某种证券价格的任何因素（不管是宏观的或是微观的）都反映在其证券的价格之中。研究影响证券价格的因素对普通投资者来说是不可能实现的，即使是经济学家对市场的分析也是不确定的。因此，研究证券的价格就是间接地研究影响证券价格的经济基础。技术分析者通过研究价格图表和大量的辅助技术指标，让市场自己揭示它最可能的走势。

（2）第二个条件：价格以趋势方式演变。

技术分析者通过经验的总结，认为证券的价格运动是以趋势方式演变的。研究价格图表的全部意义，就是要在一个趋势发生发展的早期，及时准确地把它揭示出来，从而达到顺应趋势交易的目的。正是因为有趋势的存在，技术分析者通过对图表、指标的研究，发现趋势的即将发展的方向，从而确定买入和卖出股票的时机。

（3）第三个条件：历史会重演。

这一假设的含义是投资者过去的经验是他制定投资策略的参考。投资者在证券市场出现某种情况的条件下，他采取某一策略获得了盈利或避免了损失，若下一次出现了相同或相似的情况，他会采取大体相同的策略。技术分析者认为人类的本性就是“江山易改，本性难移”。图表表现了人们对于市场的看法，通过对图表的研究可以找到相似的形态，从而找到未来价格运动的方向。

8.2 技术分析理论

技术分析理论的主要代表有道氏理论、波浪理论、信心股价理论等。

8.2.1 道氏理论

（1）道氏理论概述。

根据道氏理论，股票价格运动有三种趋势，其中最主要的是股票的基本趋势，即股价广泛或全面性上升或下降的变动情形。这种变动持续的时间通常为一年或一年以上，股价总升（降）的幅度超过20%。其中，只要下一个上涨的水准超过前一个高点，而每一个次级的下跌其波底前都较前一个下跌的波底高，那么，主要趋势是上升的，这被称为多头市场。相反地，当每一个中级下跌将价位带至更低的水准，而接着的弹升不能将价位带至前面弹升的高点，主要趋势是下跌的，这称之为空头市场。

股价运动的第二种趋势是股价的次级趋势。因为次级趋势经常与基本趋势的运动方向相反，并对其产生一定的牵制作用，因而也称为股价的修正趋势。在多头市场里，它是中级的下跌或“调整”行情；在空头市场里，它是中级的上升或反弹行情。通常在多头市场里，它会跌落主要趋势涨升部分的1/3~2/3。属于调整行情可能是回落不少于10点，不多于20点。然而，值得注意的是：1/3~2/3的原则并非是一成不变的，它只是概率的简单说明，大部分的次级趋势的涨落幅度在这个范围里；它们之中的大部分停在非常接近半途的位置，回落原先主要涨幅的50%；这种回落达不到1/3的情况很少。因此，我们有两项判断一个次级趋势的标准，任何和主要趋势相反方向的行情，通常情况下至少持续三个星期左右，回落主要趋势涨升的1/3。然而，除了这个标准以外，次级趋势通常是混淆不清的。它的确认，对它发展的正确评价及它的进行的全过程的断定，始终是理论描述中的一个难题。

股价运动的第三种趋势称为短期趋势，反映了股价在几天之内的变动情况。很少超过三个星期，通常情况下少于六天。它们本身尽管是没有什么意义，但是使得主要趋势的发展全程赋予了神秘多变的色彩。通常，不管是次级趋势或两个次级趋势，所夹的主要趋势部分都是由一连串的三个或更多可区分的短期变动所组成。由这些短期变化所得出的推论很容易导致错误的方向。

在三种趋势中，长期投资者最关心的是股价的基本趋势，其目的是想尽可能地在多头市场上买入股票，而在空头市场形成前及时地卖出股票。投机者则对股价的修正趋势比较感兴趣，他们的目的是想从中获取短期利润。短期趋势的重要性较小，且易受人为操纵，因而不便作为趋势分析的对象。人们一般无法操纵股价的基本趋势和修正趋势，只有国家的财政部门才有可能进行有限的调节。

上述股票市场波动的三种趋势，与海浪的波动极其相似。在股票市场里，主要趋势就像海潮的每一次涨（落）的整个过程。其中，多头市场好比涨潮，一个接一个的海浪不断地涌来拍打海岸，直到最后到达标示的最高点，而后逐渐褪去。逐渐褪去的落潮可以和空头市场相比拟。在涨潮期间，每个接下来的波浪其水位都比前一波涨升得多而退得却比前一波要少，进而使水位逐渐升高。在退潮期间，每个接下来的波浪比先前的更低，后一波不能恢复前一波所达到的高度。涨潮（退潮）期的这些波浪就好比是次级趋势。同样，海水的表面被微波涟漪所覆盖，这和市场的短期变动相比较，它们是不重要的日常变动。

（2）道氏理论的缺陷。

当然，道氏理论也是有缺陷的。道氏理论的主要目标是探讨股市的基本趋势，一旦基本趋势确立，道氏理论假设这种趋势会一路持续，直到趋势遇到外来因素破坏而改变为止。但有一点值得注意的是，道氏理论只推断股市的大势所趋，却不能推动大趋势里面的升幅或者跌幅将会到哪个程度。并且，道氏理论对选股没有帮助。此外，道氏理论注重长期趋势，对中期趋势，特别是不知是牛市还是熊市的情况下，不能给投资者明确启示。

8.2.2 波浪理论

（1）波浪理论的提出和概念。

波浪理论是技术分析大师拉尔夫·纳尔逊·艾略特发明的一种分析工具，与其他追随趋势的技术方法不同，波浪理论可以在趋势确立之时预测趋势何时结束，是现存最好的一种预测工具。

艾略特利用道琼斯工业平均指数作为研究工具，发现不断变化的股价结构性形态反映了自然和谐之美。根据这一发现他提出了一套相关的市场分析理论，精炼出市场的13种形态或波浪，在市场上这些形态重复出现，但是出现的时间间隔及幅度大小并不一定具有再现性。尔后他又发现了这些呈结构性形态之图形可以连接起来形成同样形态的更大图形。这样，艾略特提出了一系列权威性的演绎法则用来解释市场的行为，并特别强调波动原理的预测价值，这就是久负盛名的艾略特波浪理论，又称波浪理论。

波浪是指股票价格的波动，都与大自然的潮汐、波浪一样，一浪跟着一浪，周而复始，具有相当程度的规律性，以一种“可识别的模式”前进和反转，这些模式在形态上不断重复（不一定在时间和幅度上重复）。

（2）波浪理论的特点。

①股价指数的上升和下跌将会交替进行。

②推动浪和调整浪是价格波动两个最基本的形态，而推动浪（即与大势走向一致的波浪）可以再分割成五个小浪，一般用第1浪、第2浪、第3浪、第4浪、第5浪来表示，调整浪也可以划分成三个小浪，通常用a浪、b浪、c浪来表示。

③在上述八个波浪（五上三落）完毕之后，一个循环即宣告完成，走势将进入下一个八波浪循环。

④时间的长短不会改变波浪的形态，因为市场仍会按照其基本形态发展，波浪可以拉长，也可以缩短，但其基本形态不变。大致形态如图8.1所示。

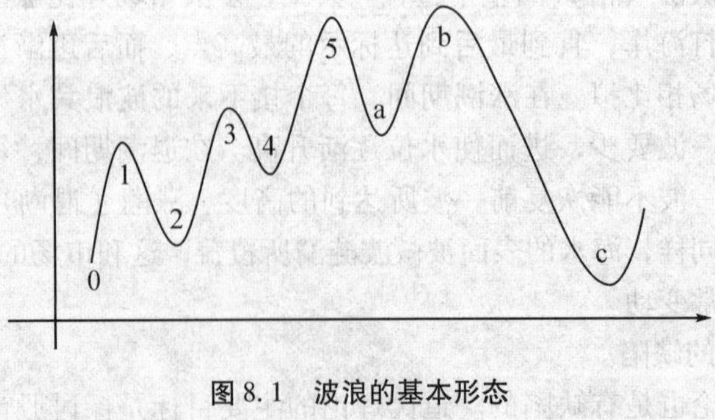

图8.1　波浪的基本形态

（3）波浪理论的应用。

我们知道了一个周期运行的全过程，就可以对大势进行预测。首先，我们要明确当前所处的位置，只要明确了目前的位置，按波浪理论所指明的各种浪的数目就知道下一步该干什么。要弄清楚目前的位置，最重要的是准确地识别三浪结构和五浪结构，这两种结构具有不同的预测作用。一组趋势向上（或向下）的五浪结构，通常可能是更高层次波浪的一浪，中途若遇调整，我们就知道这一调整不会以五浪的结构而只会以三浪的结构进行。一旦调整完成三浪结构，就立即采取行动，买入或抛出。

如果发现了一个五浪结构，而且目前在这个五浪结构的末尾，那么一个三浪的回头调整浪就在后面，应该立即采取行动。如果这一个五浪结构同时又是更上一层波浪的末尾，那么一个更深的更大规模的三浪结构将会出现，这时采取行动是非常必要的。上升五浪、下降三浪的原理也可以用到熊市中，这时结论变成下降五浪。不过，股价指数是不断上升的，把牛市看成股市的主流，把熊市看成股市的调整就称为习惯。应该注意，下降五浪、上升三浪也是可能出现的。

下面把波浪理论的主要内容总结一下：①一个完整的上升或下降周期由八浪组成，其中五浪是主浪，三浪是调整浪；②每个波浪可以合并成一个高层次的浪，一个波浪也可以细分成时间更短、层次更低的小浪；③波浪的细分和合并应按一定的规则；④所有的浪由两部分组成——主浪和调整浪，即任何一浪，要么是主浪，要么是调整浪。

（4）波浪理论的不足。

尽管波浪理论预测准确率高，颇具实用价值，但从波浪理论的原理我们发现它还是有诸多不足之处。

波浪理论最大的不足是应用上的困难。波浪由八浪构成一个完整的周期，但是，主浪的变形和调整浪的变形会产生复杂多变的形态，波浪所处的层次又会产生大浪套小浪、浪中有浪的多层次形态，这些都会使应用者在具体数浪时发生偏差。浪的层次的确定和浪的起始点的确认是应用波浪理论的两大难点。

波浪理论的第二个不足是面对同一个形态，不同的人会产生不同的数法，似乎都有道理，谁也难以说服谁。包括艾略特本人，很多时候都受同一个问题的困扰，就是一个浪是否已经完成了而开始了另外一个浪呢？不同的数浪法产生的结果相差很大。例如，一个下跌的浪可以被当成第2浪，也可能被当成a浪。如果是第2浪，紧接而来的第3浪很诱人。而如果是a浪，这之后的下跌幅度可能很大。看错的后果十分严重，一套不能确定的理论应用在风险很高的股票市场，运作错误足以使人损失惨重。产生这种现象的原因主要是两方面因素。①股价曲线的形态通常很少按五浪加三浪的八浪简单结构进行，对于不少这种规范结构的形态，不同的人有不同的处理方法，主观性很强。有些小波动，有的人可能不计入浪，有的人可能又会将其计入。由于有延伸浪，五浪可能成为九浪。波浪在什么条件下可以延伸，什么条件下不可以延伸，没有明确的标准，用起来随心所欲，仁者见仁，智者见智。②波浪理论中的大浪小浪是可以无限延伸的，长的可以好多年，短的只有几天。上升可以无限制地上升，下跌也可以无限制地下跌。因为，我们总是可以认为目前的情况不是最后的浪。

波浪理论只考虑了价格形态上的因素，而忽视了成交量方面的影响，这给操纵者提供了机会。正如在形态分析中的假突破一样，波浪理论也可能造成一些形态让人上当。当然，这个不足是很多技术分析方法都有的。

在应用波浪理论时，我们会发现，当事情过去以后，回过头来观测已经走过的图形，用波浪理论的方法可以很完美地将其划分出来。但是在形态形成途中，进行波浪的划分是已经很困难的事。波浪理论从根本上说是一种主观分析工具，这给我们增加了应用上的困难，在对波浪理论的了解不够深入之前，最好仅仅把它当成一种参考工具。

8.2.3 信心股价理论

信心股价理论，是基于市场心态的观点去分析股价。由于传统股价理论过于机械性地重视影响公司盈余，而并不能解释在多变的股市中股价涨跌的全盘因素。尤其当一些突发性因素导致股价应涨不涨，反而下跌，或应跌不跌，反而上升，此种现象，更使传统的股价理论变得矛盾。因此信心股价理论，强调股票市场由心理或信心因素影响股价。

根据信心股价理论，促成市场股价变动的因素，是市场对于未来的股票价格、公司盈利与股票投放比率等条件所产生信心的强弱。投资者若对股市基本情况表示乐观，信心越强，就必然以买入股票来表现其心态，股价因而上升，倘若资金本身过于乐观时，投资者可能漠视股票超越了合理正常价格水平，而盲目大量买入，使股票价格上涨至不合情理的价位水平。

相反，投资人士若对股票市场基本情况表示悲观时，信心转低落，将抛出手中股票，股价因此而下跌，倘若投资人士心理过度悲观，以致不顾正常股票价格、公司盈余与股息水平而大量抛售股票，则可导致股票价格被抛低至不合理水平。

就因为投资人士信心的强弱，而产生了各种不同的情况，有时甚至与上市公司营运状况，以及获利能力等基本因素完全脱节，使股价狂升暴跌的原因就在这里。

信心股价理论以市场心理为基础来解释市场股价的变动，并完全依靠公司财务上的资料，故此理论可以弥补传统股价理论的缺点，对股市的反常现象，提出合理的解释。譬如经济状况良好，股价却疲弱，或者经济情况欠佳而股价反而上升的原因，如果这个理论是对的话，投资的策略就是研究市场心态，是悲观还是乐观，而顺应市势去做，必可获利。

但信心股价理论也有缺点。其严重的弱点是因为股票市场的群众信心很难衡量，常使分析股票市场动态的人士感到困惑，因此仍有不少投资人士信任传统股价理论，可是在很多情况下，传统股价学说又被证明失败。传统股价理论过于重视公司的运作情况和经营获利能力，忽视其他影响股价的众多外在因素，自然有所缺失。信心股价理论则又过于重视影响股价的各种短期外来因素，而忽略公司本质的优劣。

8.3 技术分析的主要分析方法

主要分析方法有 K 线（日本线）理论、量价关系理论等。

8.3.1 K 线分析

K 线图表起源于日本，被当时日本米市的商人用来记录米市的行情与价格波动，后因其细腻独到的标画方式而被引入股市及期货市场。目前，这种图表分析法在我国以至整个东南亚地区尤为流行。由于用这种方法绘制出来的图表形状颇似一根根蜡烛，因此在我国台湾又将其称为烛线。加上这些蜡烛有黑白之分，因而也叫阴阳线图表。通过K线图，我们能够把每日或某一周期的市况表现完全记录下来。

由于K线图的表达方式直观易懂，因此，K线图分析是技术分析的重要工具和手段。

8.3.1.1 K线的制作

一条K线记录的是某一种股票一段时间的价格变动情况。将每天的K线按时间顺序排列在一起，就组成反映这种股票每天价格变动情况的K线图，这就叫日K线图。将每周、每月的K线按时间顺序排列起来，就是周、月K线图。

价格的变动主要体现在四个价格上，即开盘价（O）、最高价（H）、最低价（L）和收盘价（C）。开盘价又称开市价，是指某种证券在证券交易所每个交易日开市后的第一笔买卖成交价格。世界上大多数证券交易所都采用成交额最大原则来确定开盘价。如果开市后一段时间内（通常为半小时）某种证券没有买卖或没有成交，则取前一日的收盘价作为当日证券的开盘价。如果某证券连续数日未成交，则由证券交易所的场内中介经纪人根据客户对该证券买卖委托的价格走势提出指导价，促使成交后作为该证券的开盘价。在无形化交易市场中，如果某种证券连续数日未成交，则以前一日的收盘价作为它的开盘价。最高价和最低价是每个交易日中股票成交价格最高的和最低的那个价格，它们反映当日股票价格上下波动的幅度大小。最高价和最低价如果相差太大，说明当日股票市场交易活跃，买卖双方争执激烈。收盘价是指某种证券在证券交易所一天交易活动结束前最后一笔交易的成交价格。如当日没有成交，则采用最近一次的成交价格作为收盘价。收盘价是多空双方经过一天的斗争最终达成的共识，也是供需双方当日最后的暂时平衡点，具有指明目前价格的非常重要的功能。四个价格中，收盘价最为重要，人们在谈到目前某只股票的价格时，往往说的是收盘价。在总体上，这四个价格容易被操纵，因此K线也容易被操纵。

K线是柱状的，由影线和实体组成。影线在实体上方的部分叫上影线，在下方的部分叫下影线。实体分阴线和阳线两种，又称红（阳）和黑（阴）线。图8.2是两种常见的K线的形状，中间的矩形长条叫实体，上下伸出的两条细线叫上、下影线。如果开盘价高于收盘价，则实体为阴线或黑线（图8.2右图）；反之，收盘价高于开盘价，则实体为阳线或红线（图8.2左图）。将四个价格在坐标纸上一一标出，然后按图8.2的方式即可画出。将每个交易日的K线连接在一起，就构成反映股票价格历史情况的K线图。

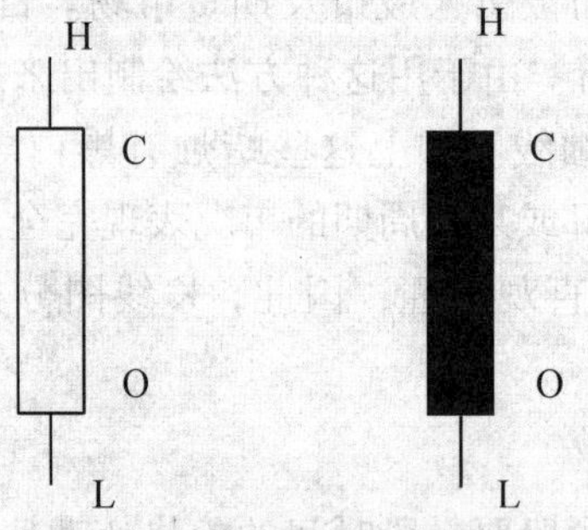

图 8.2　两种常见 K 线的形状

8.3.1.2　K 线的含义

除了图 8.2 所画 K 线的形状外，由于四个价格的不同取值，还会产生其他形状的 K 线，概括起来有以下 5 种。

（1）光头阳线和光头阴线。

这是没有上影线的 K 线，当收盘价或开盘价正好与最高价相等时，就会出现这种 K 线。如图 8.3 所示。

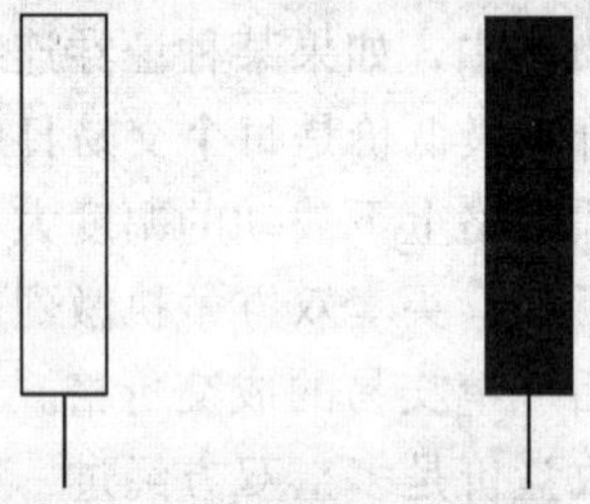

图 8.3　光头阳线和光头阴线

（2）光脚阳线和光脚阴线。

这是没有下影线的 K 线，当收盘价或开盘价正好与最低价相等时，就会出现这种 K 线。如图 8.4 所示。

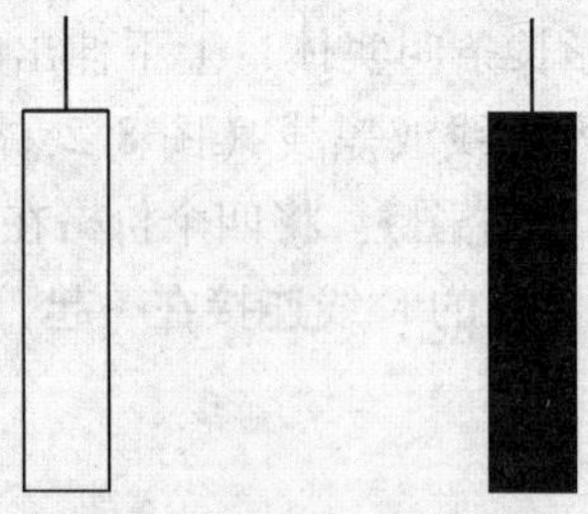

图 8.4　光脚阳线和光脚阴线

（3）光头光脚的阳线和阴线。

这种 K 线既没有上影线也没有下影线，当开盘价和收盘价分别与最高价和最低价相等时，就会出现这种 K 线。如图 8.5 所示。

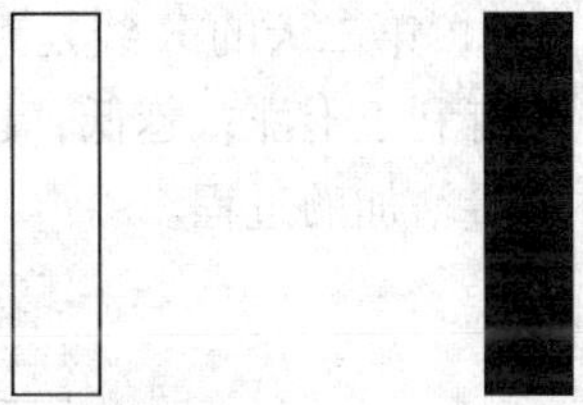

图 8.5　光头光脚的阳线和阴线

（4）十字星。

当收盘价与开盘价相同时，就会出现这种 K 线，如图 8.6 所示。它的特点是没有实体。

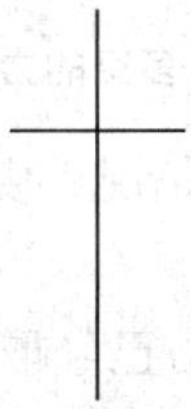

图 8.6　十字星

（5）T 字型和倒 T 字型。

在十字星的基础上，如果再加上秃头和光脚的条件，就会出现这两种 K 线，如图 8.7 所示。它们没有实体，而且没有上影线或者没有下影线，形状就像英文字母 T。

图 8.7　T 字型和倒 T 字型

K 线图是反映股价变动情况的图形，其目的是测量多空双方的力量对比，为我们做多或做空提供依据。在 K 线图中，阳线实体的长短代表多方力量的强弱，阴线实体的长短代表空方力量的强弱；上影线表示上方抛压，影响的长短代表抛压的大小，下影线表示下方接盘，影线的长短代表承接力量的大小。所以，K 线图是将买卖双方实际交战的结果用图表示出来的方法之一，从中能够看到买卖双方在争斗中力量的增加和减少，以及买卖双方对斗争结果的认同。

8.3.1.3　K 线组合的含义

两根 K 线的组合情况非常多，要考虑两根 K 线的阴阳、高低、上下影线。但是，在 K 线组合中，只要掌握了判断 K 线组合含义的规则，有些组合的含义可以通过别的组合含义推测出来。我们只需掌握几种特定的组合形态，然后举一反三，就可得知别的组合的含义。

无论是两根 K 线还是多根 K 线，都是以两根 K 线的相对位置的高低和阴阳来推测行情的。将前两天的 K 线画出，然后，用数字将前天的 K 线划分成五个区域，见图

8.8。前天的K线是判断行情的基础，第二天的K线是判断行情的关键。简单地说，第二天多空双方争斗的区域越高，越有利于上涨；越低，越有利于下降。也就是从区域1到区域5是多方力量减少、空方力量增加的过程。

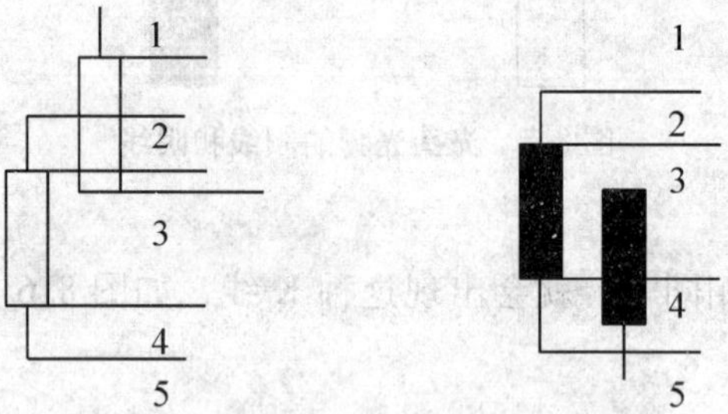

图8.8 多空的力量对比

以下是几种具有代表性的K线组合情况，由它们的含义可以得知K线组合的含义。

（1）连续两阳和连续两阴。

如图8.9所示。这是多空双方的一方已经取得决定性胜利，牢牢地掌握了主动权，今后将以取胜的一方为主要运动方向。左图是多方获胜，右图是空方获胜。第二根K线实体越长，超出前一根K线越多，则取胜一方的优势就越大。

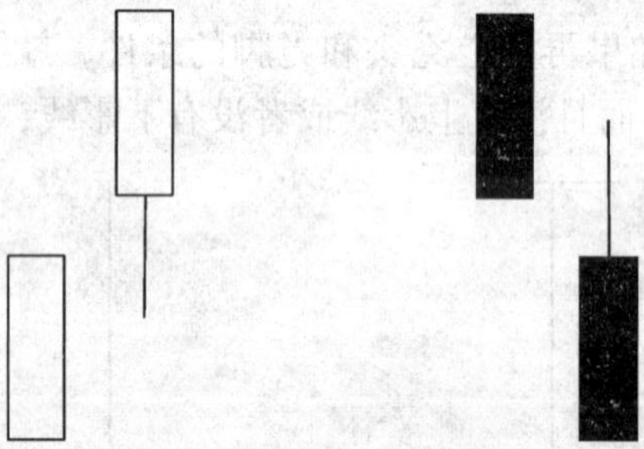

图8.9 连续两阳和连续两阴

（2）曙光初现和乌云盖顶。

如图8.10所示。曙光初现的第一根K线为阴线，第二根K线为跳低开盘，但收盘价切入第一根K线的实体部分。它表明空方的打压遭遇多方的顽强抵抗，若在股价运行的底部出现，则是见底回升的强烈信号。乌云盖顶的情况正好相反。

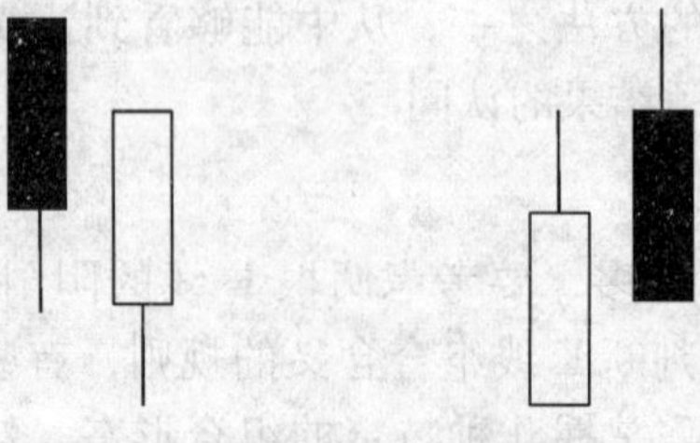

图8.10 曙光初现和乌云压顶

（3）阴包阳和阳包阴。

如图8.11所示。阴包阳是第一根阳线的实体较长，但第二根阴线的实体更长，第二根阴线把第一根阳线完全覆盖。阴包阳的情况则完全相反，阴包阳显示多方的进攻在空方的反击下土崩瓦解，后市看跌。

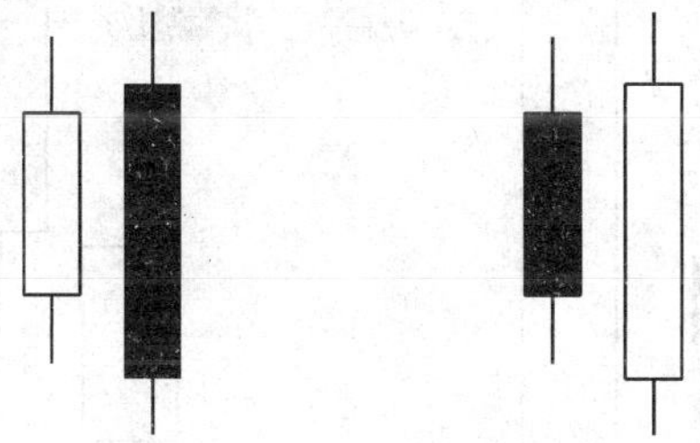

图 8. 11　阴包阳和阳包阴

（4）三个“红小兵”和三只“黑乌鸦”。

如图 8. 12 所示。三个“红小兵”是在底部出现三根上下影线很短的、大体等长的小阳线，这是股价见底的信号。三只“黑乌鸦”的情况则完全相反。

图 8. 12　三个“红小兵”和三只“黑乌鸦”

（5）早晨之星和黄昏之星。

如图 8. 13 所示。早晨之星是一根实体较长的阴线之后紧接着出现一根跳低开盘的小阳线，第三天又出现一根阳线，且收盘价切入第一根阴线的上半部分。这种组合若出现在股价运行的底位，则是见底反转的信号。黄昏之星的情况则完全相反。

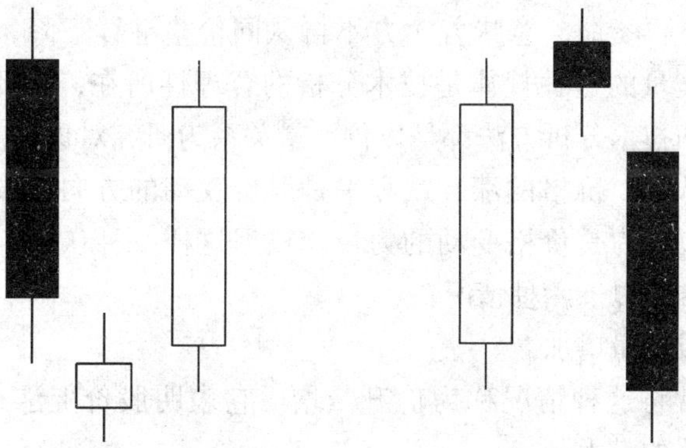

图 8. 13　早晨之星和黄昏之星

（6）一阳吃两阴和一阴吃两阳。

如图 8. 14 所示。一阳吃两阴是第三根阳线的实体吞吃前两根阴线，且收盘价高于第一根 K 线的最高价。一阳吃两阴表明多方发起了强烈反攻，后市看涨。一阴吃两阳的情况则完全相反。

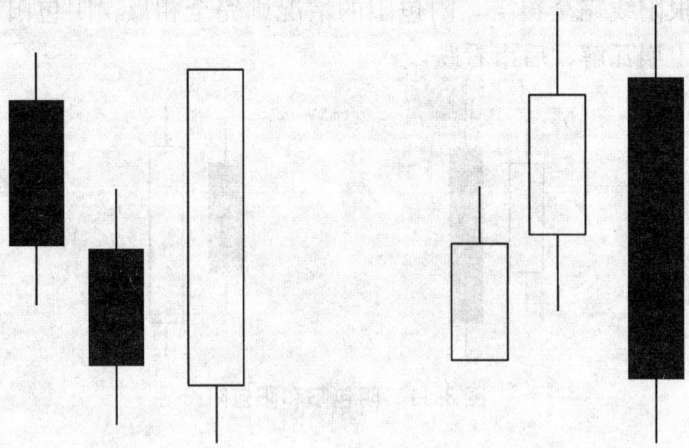

图 8.14　一阳吃两阴和一阴吃两阳

8.3.2　价量分析

市场行为最基本的表现就是成交价和成交量。过去和现在的成交价、成交量涵盖了过去和现在的市场行为。技术分析就是利用过去和现在的成交量、成交价资料，以图形分析和指标分析工具来解释、预测未来的市场走势。这里，成交价、成交量就称为技术分析的要素。如果把时间也考虑进去，技术分析就可简单地归结为对时间、价、量三者关系的分析。在某一时点上的价和量反映的是这一时点上的市场行为，是双方的暂时均衡点，随着时间的变化，均势会不断发生变化，这就是价量关系的变化。一般来说，买卖双方对价格的认同程度通过成交量的大小确认。认同程度大，成交量大；认同程度小，成交量小。双方的这种市场行为反映在价、量上往往呈现出这样一种规律：价增量增，价跌量减。根据这一规律，当价格上升时，成交量不再增加，意味着价格上升得不到买方认同，价格的上升趋势将会改变；反之，当价格下跌时，成交量萎缩到一定程度就不再萎缩，意味着卖方不再认同价格继续下降，价格下跌趋势将会改变。成交价、成交量的这种规律是技术分析的合理性所在，因此，价、量是技术分析的基本要素，一切技术分析方法都是以价、量关系为研究对象的。

技术分析方法认为，价格的涨、跌和平是股价变动的方向，成交量是对价格变动方向的认同，也可以认为是价格变动的力量。根据这样一种认识，股价变动与成交量之间的关系可以总结为以下六种情况：

①股价上升，成交量增加。

技术分析人士常将这种情况称为价升量增。它表明股价上涨得到成交量的认同，后市具有进一步上涨的潜力。

②股价上升，成交量减少。

技术分析人士常将这种情况称为空涨。它表明股价上涨没有得到成交量的认同，股价上升的动力不足，后市看跌。

③股价下跌，成交量增加。

技术分析人士常将这种情况称为价跌量增。它表明股价下跌得到成交量的认同，后市具有进一步下跌的动力。

④股价下跌，成交量减少。

技术分析人士常将这种情况称为空跌。它表明股价下跌没有得到成交量的认同，股价下跌的动力不足，后市看涨。

⑤股价持平，成交量增加。

这种情况应具体分析。股价经历一段下跌后，放出了一定的成交量，而股价持平，表明逢低吸纳的投资者增多，股价有反弹或反转的可能，这种情况常称为底部放量，后市应看好；股价经历一段上涨后，放出了一定的成交量，而股价持平，表明逢高减磅的投资者增多，股价有反弹或反转的可能，这种情况常称为顶部放量，后市应看淡。

⑥股价持平，成交量较小。

这种情况称为无量盘整。它表明多空双方力量处于均衡状态，双方均在等待机会寻找突破方向，后市走向不明，涨跌依靠新的因素来打破平衡。

关于价量分析，技术分析方法还认为：a. 成交量的大小是相对的，主要是相对于最近而言，没有绝对大小；b. 成交量的变动在价格变动之前，即所谓量在价先，天量之后有天价，地量之后有地价；c. 技术分析方法常用成交金额来代替成交量，这两者并没有太大的区别，但市场热点过分集中在高价股或低价股上时应适当调整；d. 成交价一般是采用收盘价。

8.4 技术指标

8.4.1 技术指标概述

指标分析是技术分析中极为重要的部分。据说各种各样的技术指标目前已有上千种，这里只介绍一些目前在中国市场上较为流行的技术指标。

指标分析是指按确定的方法对原始数据进行处理，将处理之后的结果制成图表，并用制成的图表对股市进行分析的方法。原始数据指的是开盘价、最高价、最低价、收盘价、成交量和成交金额，有时还包括成交笔数。其余的数据都不是原始数据。对原始数据进行处理指的是将这些数据的部分或全部进行整理加工，使之成为我们希望得到的东西。不同的处理方法就产生不同的技术指标。产生了技术指标之后，最终都会在图表上得到体现。

技术指标的应用主要通过以下六个方面进行：①指标的背离；②指标的交叉；③指标的高位和低位；④指标的徘徊；⑤指标的转折；⑥指标的盲点。指标背离是指指标的指向与股价走向不一致。指标的交叉是指指标中的两线发生了相交现象，常说的金叉和死叉就属这类情况。指标的高位和低位是指指标进入超买区和超卖区。指标的徘徊是指指标处在进退都可的状态，没有明确的对未来方向的指示。指标的转折是指指标的图形发生了调头，这种调头有时是一个趋势的结束和另一个趋势的开始。指标的盲点是指指标无能为力的时候。

每一个技术指标都是从某一特定方面对股市进行观察。通过一定的数学公式产生技术指标，这个指标反映股市某一方面的特征。这些特征仅仅通过原始数据很难观测出来。另外，有些基本思想我们已经知道，但只停留在定性阶段，没有进行定量分析。技术指标可以进行定量的分析，这样使具体操作时的精确度大大提高。例如，我们都知道，价格不断下跌时，跌多了总有一个反弹的时候或到底的时候，那么跌到什么程度，我们就可以买进呢？仅凭定性分析不能回答这个问题，尽管不是完美地解决问题，但至少能在采取行动前从数量方面给我们帮助。

技术指标由于种类繁多，所以考虑的方面很多，人们能够想到的，几乎都能在技术指标中得到体现，这一点是别的技术分析方法无法比拟的。在进行技术分析指标的分析和判断时，也经常用到别的技术分析方法的基本理论。例如，在使用 RSI 等指标时，我们要用到形态分析中的头肩形、颈线和双重顶之类的结果等。因此，可以看出全面学习技术分析的各种方法是很重要的。

技术指标是一种分析工具，每种工具都有自己的适用范围。人们在使用技术指标时，常犯的错误是机械地照搬结论，而不问这些结论成立的条件和可能发生的偏差。先是盲目地绝对相信技术指标，出了错误以后，又走向另一个极端，认为技术分析一点用也没有，这种情况只能说是不会使用指标。每种指标都有自己的盲点，也就是指标失效的时候。在实际中应该不断地总结，并找到盲点所在，这样就可少犯错误。遇到某一技术指标失效，可先把它放置在一边，去考虑别的技术指标。众多的技术指标总会有几个能对我们有所帮助。

8.4.2 技术指标的种类

了解各种技术指标是很有必要的，但是，我们不可能考虑到每一个技术指标。各个指标在预测大势方面有准确程度的区别，通常是以四五个技术指标为主，别的指标为辅。下面我们将详细介绍几种技术指标的含义及应用。

首先，我们将介绍一下移动平均数和平滑异同移动平均数。移动平均数和平滑异同移动平均数有一个共同点，都是对收盘价进行移动平均的结果。正是由于两个指标的产生过程类似，反映的是股价同一方面的内容，所以这两个指标在内容上有很多相通之处。

8.4.2.1 移动平均数（MA）

（1）移动平均数的计算。

移动平均数是统计学用以研究事物发展变化趋势的方法。假设有一反映事物发展变化某一方面特征的数字：

$$a_0,\ a_1,\ a_2,\ \cdots,\ a_n$$

假定数列a_n存在某种趋势，上升、下降或上下变动，数列的这个趋势是受到某种主要因素影响的结果。但一些次要的、偶然的因素也在影响这个数列，使其呈现出不规则变动。我们可用逐项移动平均的办法消除这些次要的、偶然的变动，使其主要趋势呈现出来。移动项数常被称为移动平均数的参数。设移动项是 3，则移动平均数为：

$$b_0=\frac{a_0+a_1+a_2}{3},\ b_2=\frac{a_1+a_2+a_3}{3},\ b_{n-1}=\frac{a_{n-2}+a_{n-1}+a_n}{3}$$

我们也可以把移动平均数的参数设定为5、10、20等，分别求5日、10日、20日移动平均数。如果把这些数值标在坐标系中，联结这些点得到一条曲线，我们称这些曲线为5日、10日、20日移动平均线，记为MA（5）、MA（10）、MA（20）。

移动平均数有一个缺陷，它把每一个原始数值对移动平均数的影响视为等同的。事实上，计算移动平均数的目的是为了预测未来，越是靠近目前的数值，对未来数值的影响就越大。这样，在移动平均数的基础上发展出了平滑移动平均数，其公式为：

$$\text{EMA}(n)=\frac{n-1}{n+1}\times\text{前一日的 EMA}(n)+\frac{2}{n+1}\times\text{当日收盘价} \tag{8.1}$$

EMA（n）由两部分构成，前一日的EMA（n）占$(n-1)/(n+1)$的比重，当日的收盘价占$2/(n+1)$的比重。也可以这样来理解，EMA（n）是以前一日的EMA（n）为基础，用$(n-1)/(n+1)$来修正，再加上当日的收盘价，用$2/(n+1)$来修正。前一日的EMA（n）反映事物发展变化的主要趋势，当n较大时，$(n-1)/(n+1)$表明它在EMA（n）中占较大比重。当日的收盘价表明事物发展变化的最新趋势，它对事物的未来变化有较大影响，占$2/(n+1)$的比重。n为EMA（n）的参数。当计算时期很长时，最初的前一日EMA（n）对当期的EMA（n）的影响趋近于0，最初的前一日EMA（n）的取值无关紧要。

（2）移动平均数的特点。

MA的基本思想是消除偶然因素的影响，另外还有平均价格的含义。它具有以下几个特点：

①趋势性。MA能够表示股价的趋势方向，并追随这个趋势。如果从股价的图表中能够找出上升或下降趋势线，那么，MA曲线将保持与趋势线方向一致，能消除股价在这个过程中出现的起伏。

②滞后性。在股价原有趋势发生反转时，由于MA追踪趋势的特性，反映往往较为迟缓，调头速度落后于大趋势，这是MA的一个弱点。

③真实性。由MA的计算方法可知，要较大地改变MA的数值比较困难，当天的股价必须有很大变动。因为MA的变动不是一天的变动，而是几天变动的平均数。

④助涨助跌性。当股价突破了MA时，无论是向上突破还是向下突破，股价有继续向突破方向再走一程的愿望，这就是MA的助涨助跌性。

⑤支撑线和压力线的特性。由于MA的上述四个特性，使得它在股价走势中起支撑线和压力线的作用。MA的被突破，实际上是支撑线和压力线的被突破。

MA的参数强化了MA的特征，参数选择得越大，上述特征就越显著。使用MA时通常选择不同的参数，一般包括长期、中期和短期三类MA。长、中、短是相对的，可以自己确定。在我国，短期一般是指MA（5），中期是指MA（10），长期是指MA（20）。移动平均数指标有快指标和慢指标之分，快慢是相对于收盘价的敏感性而言，对收盘价较敏感的称为快指标，对收盘价较不敏感的称为慢指标。而移动平均数的参数越大，对收盘价越不敏感；参数越小，对收盘价越敏感。所以，参数较大的移动平均数被称为慢指标，参数较小的移动平均数被称为快指标。其他技术指标也有类似的区分。

(3) 葛兰碧法则。

MA 在股价走势预测中的运用，经典的是葛兰碧法则。葛兰碧法则的内容是：

①移动平均线从下降开始走平，股价从下上穿平均线；股价连续上升远离平均线，突然下跌，但在平均线附近再度上升；股价在平均线以下，并连续暴跌，远离平均线。以上三种情况均为买入信号（见图 8.15）。

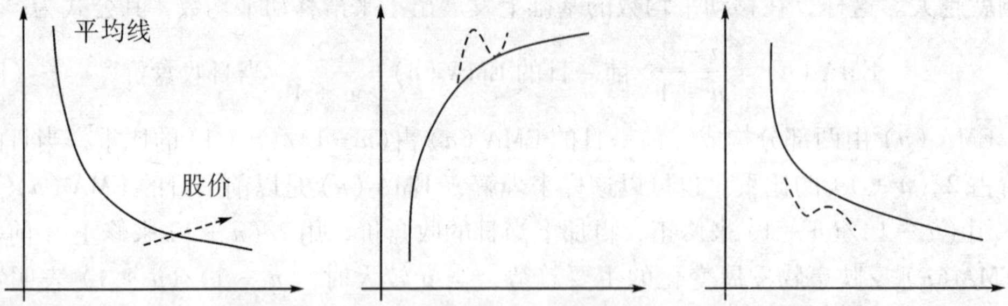

图 8.15　买入的三种情况

②平均线从上升开始走平，股价从上下穿平均线；股价连续下降远离平均线，突然上升，但在平均线附近再度下降；股价在平均线之上，并连续暴涨，远离平均线。以上三种情况均为卖出信号（见图 8.16）。

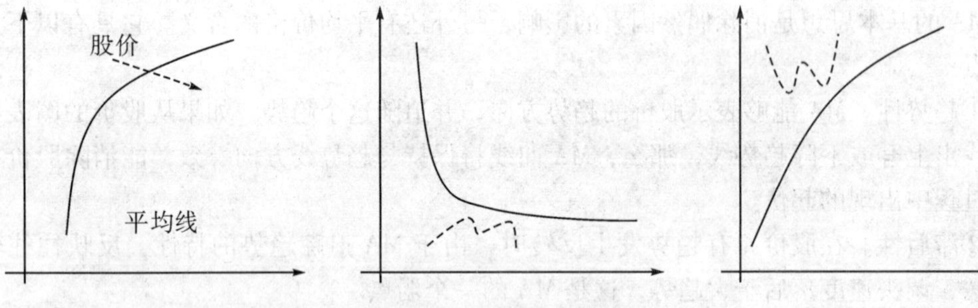

图 8.16　卖出的三种情况

股价实际上是 1 日的 MA，股价相对于移动平均线实际上是短期 MA 相对于长期 MA。从这个意义上说，如果只有两个不同参数的 MA，则我们可以将相对短期的 MA 当成股价，将较长期的 MA 当成 MA，这样，上述股价相对于 MA 的所有法则，都可以换成快速相对于慢速的 MA。常说的死亡交叉和黄金交叉，实际上就是向上、向下突破压力或支撑的问题。

最后谈一下 MA 的盲点。在盘整阶段、趋势形成后的中途休整阶段、局部的反弹和回档，MA 极易发出错误的信号，这是使用 MA 应该注意的。MA 是用于反映股价变动的趋势，只有当股价运动确实存在趋势时，才能使用这一方法。

8.4.2.2 平滑异同移动平均数（MACD）

（1）MACD的计算公式。

MACD由正负差（DIF）和异同平均数（DEA）两部分组成，DIF是核心，DEA是辅助。先介绍DIF和DEA的计算方法。

DIF是快速平滑移动平均数与慢速平滑移动平均数之差，DIF的正负差名称由此而来。快速和慢速是根据指标平滑时采用参数的大小进行区分，快速是短期的EMA，慢速是长期的EMA。快速平滑移动平均数（EMA）是12日时，则计算公式为：

$$\text{当日 EMA}(12)=\frac{2}{12+1}\times\text{当日收盘价}+\frac{11}{12+1}\times\text{昨日 EMA}(12) \tag{8.2}$$

慢速平滑移动平均数（EMA）是26日时，计算公式为：

$$\text{当日 EMA}(26)=\frac{2}{26+1}\times\text{当日收盘价}+\frac{25}{26+1}\times\text{昨日 EMA}(26)$$

$$DIF=EMA(12)-EMA(26) \tag{8.3}$$

DIF也能进行行情预测，但为了使信号更可靠，我们引入另一个指标DEA。DEA是DIF的移动平均，也就是连续数日的DIF的算术平均。这样，DEA自己又有了一个参数，那就是进行算术平均的DIF的个数，即天数。对DIF作移动平均就像对收盘价作移动平均一样，是为了消除偶然因素的影响，使结论更可靠。

（2）MACD的应用法则。

利用MACD进行行情预测，主要是从两个方面进行。

第一，从DIF和DEA的取值和这两者之间的相对取值对行情进行预测。①DIF和DEA均为正值时，属多头市场。DIF向上突破DEA是买入信号，DIF向下跌破DEA只能认为是回档，作获利了结。②DIF和DEA均为负值时，属空头市场。DIF向下突破DEA是卖出信号；DIF向上穿破DEA只能认为是反弹，作暂时补空。DIF的上升和下降，是股价的上升和下降信号。DIF是正值，说明短期的比长期的平滑移动平均线高，这类似于5日线在10日线之上，所以是多头市场。DIF和DEA的关系就如同股价与MA的关系一样。

第二，利用DIF的形态进行行情分析，主要是采用指标背离原则。这个原则在技术指标中经常使用，如果DIF的走向与股价走向相背离，则此时是采取行动的信号，至于是卖出还是买入要依DIF的上升和下降而定。

MACD的优点是剔除了MA频繁出现的买入卖出信号，使发出信号的要求和限制增加，避免假信号的出现。MACD的缺点同MA一样，在股市没有明显趋势而进入盘整时，失误的时候极多。

接下来我们将介绍一下威廉指标和KD指标。威廉指标和KD指标是股市中极为重要的指标。它们最早起源于期货市场，引入股票市场后，目前已经成为中国股市广泛使用的指标之一。

8.4.2.3 威廉指标（WMS%）

这个指标由拉瑞·威廉姆斯（Larry Williams）于1973年首创，最初用在期货市场。WMS%表示的是市场处于超买还是超卖状态。

（1）WMS%的计算公式。

$$\text{WMS\%}\ (N)=\frac{C_N-L_N}{H_N-L_N}\times 100 \qquad (8.4)$$

式中，C_N 为当日收盘价，H_N 和 L_N 为 N 日内的最高价和最低价。

由公式可知，WMS%的参数是天数 N。WMS%指标表示的是当日收盘价在 N 日内所处的相对位置。若 $C_N=H_N$，则 WMS%=100，表明收盘价处于最高位置；若 $C_N=L_N$，则 WMS%=0，表明收盘价处于最低位置；若 $C_N=L_N+\frac{H_N-L_N}{2}$，则 WMS%=50，表明收盘价处于中间位置。威廉指标描绘的状态如图 8.17 所示。

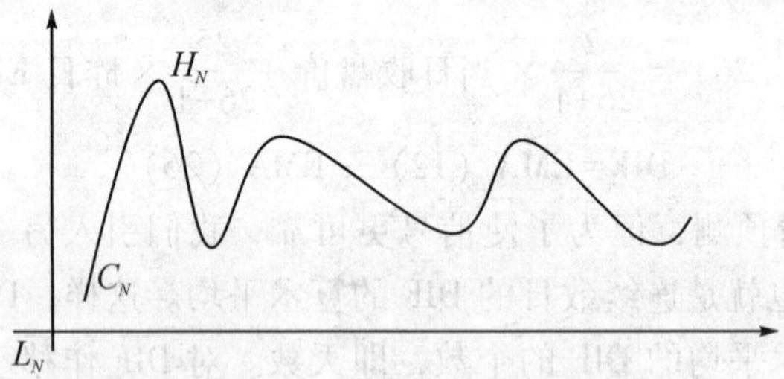

图 8.17　威廉指标描绘的状态

（2）WMS%的应用。

最高价和最低价随着时间的推移在不断变化，这就涉及参数的选择问题。在 WMS%出现的初期，人们认为期货市场出现一次周期循环大约是 4 周，那么取周期的全长或一半，就一定能包含循环的最高和最低点。这样，WMS%的参数习惯上是取 10 或 20，当然也可以多选择几个参数试试。

WMS%的运用包括两个方面：一是 WMS%的数值；二是 WMS%曲线的形状。

WMS%的取值。WMS%的值介于 0～100，以 50 为中轴将其分为上下两个区域。①当 WMS%高于 80 时，处于超买状态，行情即将见顶，应当考虑卖出。②当 WMS%低于 20 时处于超卖状态，行情即将见底，应当考虑买入。80 和 20 只是一个经验数字，不是绝对的，投资者可以根据各自的风险偏好选择不同的数值。

WMS%曲线的形状。①WMS%进入高位后一般要回头，如果这时股价继续上升，这就是顶背离，是卖出的信号。②WMS%进入低位后一般要反弹，如果这时股价继续下跌，这就是底背离，是买进的信号。

8.4.2.4　KD 指标

KD 指标的中文名称是随机指数，是技术分析指标的一种，最早起源于期货市场。

（1）KD 指标的计算公式。

KD 指标的计算分为三步，先计算未成熟随机值 RSV（Row Stochastic Value），计算公式为：

$$\text{RSV}\ (N)=\frac{C_N-L_N}{H_N-L_N}\times 100 \qquad (8.5)$$

从公式可以看出，RSV 实际上就是 WMS%，只是名称不同。对 RSV（WMS%）进行指数平滑，就得到 K 指标：

$$\text{当日 K 值} = \frac{2}{3} \times \text{昨日 D 值} + \frac{1}{3} \times \text{当日 RSV} \tag{8.6}$$

式中 1/3 是平滑因子，也可以选择别的数字，不过目前已经约定俗成。对 K 值进行指数平滑，就得到 D 值：

$$\text{当日 D 值} = \frac{2}{3} \times \text{昨日 D 值} + \frac{1}{3} \times \text{当日 K 值} \tag{8.7}$$

KD 指标是在 WMS%指标基础上发展起来的，所以 KD 具有 WMS%的一些特性。在反映股票价格变化时，WMS%最快，K 其次，D 最慢。在使用 KD 指标时，我们往往称 K 指标为快指标，D 指标为慢指标。K 指标反应敏捷，但容易出错；D 指标反应稍慢，但稳重可靠。

（2）KD 指标的应用。

KD 指标是两条曲线，应用时主要从四个方面进行考虑。

①KD 的数值。

KD 的取值范围是 0~100，可将其划分为几个区域：超买区、超卖区、徘徊区。按一般的划分法，80 以上为超买区，20 以下为超卖区，其余为徘徊区。根据这种划分，KD 超过 80 就应该考虑卖出，低于 20 就应该考虑买入。这种操作很简单，同时也很容易出错，完全按照这种方法进行操作很容易遭受损失。大多数对 KD 指标了解不深入的投资者，以为 KD 指标的运用仅限于此。

②KD 曲线的形态。

当 KD 指标在较高或较低位置形成了头肩形和多重顶底时，是采取行动的信号。这些形态一定要在较高位置或较低位置出现，位置越高或越低，结论越可靠。操作时可按形态分析的原则进行。对 KD 曲线也可以画趋势线，以明确 KD 的趋势。在 KD 的曲线图中仍然可以运用支撑和压力的概念，某一条支撑线和压力线的被突破，也是采取行动的信号。

③KD 指标的交叉。

K 与 D 的关系如同股价与 MA 的关系一样，也有死亡交叉（以下简称“死叉”）和黄金交叉（以下简称“金叉”）问题，不过这里交叉的应用很复杂，还附带很多其他条件。以 K 从下向上与 D 交叉为例，K 上穿 D 是金叉，为买入信号。但出现金叉是否就应该买入，还要看别的条件。第一个条件是金叉的位置，金叉应该是在超卖区的位置，越低越好。第二个条件是金叉的次数，有时在低位，K、D 要来回交叉几次，交叉的次数以 2 次为最少，越多越好。第三个条件是金叉的方向，即常说的“右侧相交”原则，K 是在 D 已经抬头向上时才同 D 相交，比 D 还在下降时与之相交可靠得多。换句话说，右侧相交比左侧相交好。满足了上述条件，买入的风险就少些。但是，如果要求每个条件都满足，尽管比较安全，但也会错过很多机会。K 从上向下穿 D 是死叉，也有类似的结论。

④KD 指标的背离。

背离就是指标与价格走势不一致。当 KD 处在高位，并形成两个依次向下的峰，而此时股价还在一个劲地上涨，这叫顶背离，是卖出的信号；与之相反，KD 处在低位，并形成一底比一底高，而股价还在继续下跌，这叫底背离，是买入的信号。

8.4.2.5 相对强弱指标

相对强弱指标（RSI）是股市中常用的技术指标。RSI 以特定时期内股价的变动情况推测价格未来的变动方向，并根据股价涨跌幅度显示市场的强弱。

（1）RSI 的计算公式。

RSI 的计算公式是：

$$\text{RSI}（N）=\frac{A}{A+B}\times 100=100-\frac{100}{1+RS} \tag{8.8}$$

$$RS=\frac{A}{B}$$

式中，RS 为相对强度；参数 N 为天数，即考虑的时期长度；A 表示 n 天中股价向上波动的幅度大小，而 B 则表示 n 天中股价向下波动的大小。$A+B$ 表示股价在此期间总的波动幅度大小。RSI 的计算只涉及收盘价，并且可以选择不同的参数，RSI 的取值介于 0~100。

（2）RSI 的应用。

①不同参数的多条 RSI 曲线。

RSI 的参数越大，结论越可靠，但反应速度慢。我们将参数大的 RSI 称为长期 RSI，将参数小的 RSI 称为短期 RSI。这样，两条不同参数的 RSI 曲线的运用法则可以参照 MA 中两条 MA 线的法则，即：①短期 RSI>长期 RSI，则属多头市场；②短期 RSI<长期 RSI，则属空头市场。

②RSI 的取值。

将 100 分成 4 个区域，根据 RSI 的取值落入的区域进行操作。强弱指标保持高于 50 表示为强势市场，反之低于 50 表示为弱势市场。强弱指标多在 30~70 波动。当六日指标上升到达 80 时，表示股市已有超买现象，如果一旦继续上升，超过 90 以上时，则表示已到严重超买的警戒区，股价已形成头部，极可能在短期内反转回转。当六日强弱指标下降至 20 时，表示股市有超卖现象，如果一旦继续下降至 10 以下时则表示已到严重超卖区域，股价极可能有止跌回升的机会。每种类型股票的超卖超买值是不同的。在牛市时，通常蓝筹股的强弱指数若是 80，便属超买，若是 30，便属超卖。至于二、三线股，强弱指数若是 85~90，便属超买，若是 20~25，便属超卖。

③RSI 曲线的形状。

同 KD 指标一样，当 RSI 在较高或较低的位置形成头肩顶底形态和多重顶底形态时，是采取行动的信号。这些形态一定要出现在较高位置和较低位置，离 50 越远，出错的可能就越小。

④RSI 与股价的背离。

RSI 处于高位，形成一峰比一峰低的两个峰，而此时股价却不断上窜，这叫顶背离，这是比较强烈的卖出信号。与这种情况相反的是底背离，即 RSI 在低位形成两个依次上升的谷底，而股价还在下降，这是最后一跌或者说是接近最后一跌，是可以建仓的信号。

⑤极高和极低的 RSI 值。

当 RSI 处在极高和极低位时，可以不考虑别的因素而采取行动。当然，它与 RSI 的参数有关，也与选择的股票有关。

8.4.2.6 乖离率和心理线

（1）乖离率（BIAS）。

乖离率是描述股价与移动平均线相对距离的指标。

①乖离率的计算公式为：

$$\text{乖离率}（N）=\frac{\text{当日收盘价}-MA(N)}{MA(N)}\times 100\% \qquad (8.9)$$

式中，分子为股价（收盘价）与移动平均数的差，可正可负，除以分母后，就是一个相对数。在乖离率的公式中，MA 的参数就是乖离率的参数，乖离率的参数也是 MA 的参数，即是天数。参数大小的选择首先影响 MA，其次影响乖离率。一般来说，参数选得越大，则允许股价远离 MA 的程度越大。换句话说，股价远离 MA 到一定程度，我们会认为该回头了，而这个远离的程度随着参数的变化而变化。

②乖离率的应用法则。

乖离率的原理是离得太远了就该回头，因为股价有向心的趋势，这是由人们的心理因素造成的。乖离度的测试原理是建立在：如果股价偏离移动平均线太远，不管股价在移动平均线之上或之下，都有可能趋向平均线的这一条原理上。而乖离率则表示股价偏离趋向指标所占到的百分比值。

BIAS 指标表示收盘价与移动平均线之间的差距。当股价的正乖离扩大到一定极限时，表示短期获利越大，则能获利回吐的可能性越高；当股价的负乖离扩大到一定极限时，则空头回补的可能性越高。

乖离率可分为正乖离率与负乖离率。若股价大于平均线，则为正乖离；股价小于平均线，则为负乖离。当股价与平均线相等时，则乖离率为零。正乖离率越大，表示短期超买越大，则越有可能见顶；负乖离率越大，表示短期超卖越大，则越有可能见底。

股价与 BIAS 指标究竟达到何种程度的百分比才算是买进或卖出时机，不同市场、不同时期、不同周期即不同移动平均线算法所得出的 BIAS 值是不同的。在多头行情中，会出现许多高价，太早卖出会错失一段行情，可于先前高价的正乖离率点卖出；在空头市场时，亦会使负乖离率加大，可于先前低价的负乖离点买进。

6 日 BIAS>+5%，是卖出时机；6 日 BIAS<-5%，为买入时机。12 日 BIAS>+6%是卖出时机；12 日 BIAS<-5.5%，为买入时机。24 日 BIAS>+9%是卖出时机；24 日 BIAS<-8%，为买入时机。

（2）心理线（PSY）。

心理线主要是从股票投资者的买卖趋向的心理方面，对多空双方的力量对比进行分析。

①心理线的计算公式。

$$心理线(N)=\frac{A}{N}\times100 \tag{8.10}$$

式中，N 为天数，是心理线的参数；A 为 N 天中股价上涨的天数。上涨和下跌的判断是以收盘价为准。从心理线的公式可以看出，心理线是指近一段时间内，上涨的天数所占的比例。我们简单地认为上涨是多方的力量，下跌时空方的力量，则心理线以 50 为中心，50 以上是多方市场，50 以下是空方市场，多空双方力量的对比就这样被简单地描述出来了。心理线参数的选择是人为的，一般选择参数为 10，参数选得越大，心理线的取值范围越集中，越平稳；参数选得小，心理线的取值范围上下波动就大。

②心理线的应用。

心理线 PSY 既可应用于大盘，也可应用于个股。心理线主要反映市场心理的超买或超卖，因此，当心理线 PSY 在 25~75 的常态区域内移动时，为观望信号，一般不宜采取行动，应持观望态度。

心理线 PSY 选取的设计参数、条件过于简单，变数只有涨或跌两个变数存在，因而对于行情的变化没有具体数量的反映、表现。心理线 PSY 的计算只以上涨天数为主，股价持平或下跌均不予考虑。根据心理线公式计算出来的数值，超过 75 时为超买，低于 25 时为超卖，但在涨升行情时，可将卖点提高到 75 之上；在下跌行情时，可将买点降低至 15 以下。无论上升行情还是下跌行情展开前，心理线 PSY 通常会出现两次以上的买点或卖点，有比较充分的时间和机会来进行判断、决策。概括来说为以下三点：

a. 心理线指标介于 25~75 是合理的变动范围，这一区间属于常态分布；

b. 超过 75 或低于 25 时，就有超买或超卖现象出现。在大多头、大空头市场初期可将超买超卖点调至高于 83 和低于 17，直到行情尾声，再回调至 75 与 25；

c. 当低于 10 时是真正的超卖，反弹的机会相对提高，此时为买进时机。

8.4.2.7 人气指标和意愿指标

人气指标（AR）和意愿指标（BR）都是以分析历史股价为手段的技术指标，其中人气指标比较重视开盘价格，从而反映市场买卖的人气；意愿指标则重视收盘价格，反映的是市场买卖意愿的程度，两项指标分别从不同角度对股价波动进行分析，达到追踪股价未来动向的共同目的。

（1）人气指标。

人气指标是以当天开盘价为基础，即以当天市价分别比较当天最高、最低价，通过一定时期内开市价在股价中的地位，反映市场买卖人气。人气指标以最高价到开盘价的距离表示多方向上的力量，以开盘价到最低价的距离表示空方向下的力量，多空双方在当日的强弱程度就这样简单地被描述出来了。

①人气指标的计算公式。

多空双方每天的强弱表示为：

当$H-O>0$时，多方强度$P_1=\sum(H-O)$；当$O-L>0$时，空方强度$P_2=\sum(O-L)$。

$$\text{人气指标 AR}(N)=\frac{P_1}{P_2}\times100 \tag{8.11}$$

式中，H为当日的最高价；L为最低价；O为开盘价。仅仅包括一天的多空双方强度可能具有偶然性和片面性。我们在对当前多空力量对比进行研究时，包括的天数应该多一些，选择的天数就是人气指标的参数。人气指标表示N天中多空双方总强度的比值。人气指标越大表示多方的强度大，人气指标越小表示空方的强度大。多空双方强弱的分界线是100，100以上多方占优，100以下空方占优，100说明多空双方力量相等。由此可见，人气指标是利用开盘价与最高价和最低价的相互关系，建立衡量一段时间内多空双方争斗的数量指标，并利用这个指标对股价进行预测。

②人气指标的应用法则。

a. AR值以100为中心地带，其±20之间，即AR值在60~120波动时，属盘整行情，股价走势比较平稳，不会出现剧烈波动。

b. AR值走高时表示行情活跃，人气旺盛，过高则表示股价进入高价，应选择时机退出，AR值的高度没有具体标准，一般情况下，AR值上升至150以上时，股价随时可能回档下跌。

c. AR值走低时表示人气衰退，需要充实，过低则暗示股价可能跌入低谷，可考虑伺机介入，一般AR值跌至70以下时，股价有可能随时反弹上升。

d. 从AR曲线可以看出一段时期的买卖气势，并具有先于股价到达峰顶或跌入谷底的功能，观图时主要凭借经验，以及与其他技术指标配合使用。

e. 应用人气指标时应该注意：当人气指标第一次到达该采取行动的区域时，所冒的风险是很大的，技术指标在这个时候极容易出现错误。只有等到人气指标第二次或更多次进入采取行动的区域，才能大大增加取胜的机会。这一点几乎对每一个技术分析指标都适用。

（2）买卖意愿指标（BR）。

①买卖意愿指标的计算公式。

买卖意愿指标同人气指标一样是反映多空双方相互较量结果的指标，其基本思想同人气指标相同，区别是选择的多空双方的均衡点不同。人气指标选择的是当日开盘价为均衡价位，而买卖意愿指标选择的是前一天的收盘价。选择收盘价作为均衡点，不仅反映了当天多空双方交锋的结果，更为重要的是，还能反映前一天收盘后多空双方由于隔了一日产生力量积蓄而引起的向上和向下跳空的缺口。从这个意义上讲买卖意愿指标更全面地反映了股市中的暴涨暴跌。前收盘价和今开盘价是一头一尾，如果没有特殊情况，一般来说这两者应该相差不大。如果一段时间内均未出现大的向上和向下跳空开盘，人气指标和买卖意愿指标应该相差不多。

在买卖意愿指标中，多空双方的理论表示如下：当 $H - YC > 0$ 时，多方强度 $P_1 = \sum(H - YC)$；当 $YC - L > 0$ 时，空方强度 $P_2 = \sum(YC - L)$。

$$\text{买卖意愿指标 BR}(N) = \frac{P_1}{P_2} \times 100 \tag{8.12}$$

式中，H 和 L 分别代表当日最高价和最低价，YC 为昨日收盘价。为了避免偶然性和片面性，我们选择多空双方多日的力量对比，选择的日数就是买卖意愿指标的参数。由式中可以看出，买卖意愿指标是反映多空双方 N 日总强度的比值。买卖意愿指标越大，则多方力量越强；买卖意愿指标越小，则空方力量越大。双方的分界线是100，100以上是多方占优势，100以下是空方占优势。

②买卖意愿指标的应用。

BR指标取值在100附近，多空双方力量相当，谁也不占优势；BR指标取值越大，多方优势越大；BR指标取值越小，空方优势越大。具体到数字，当BR指标在70~150时，股市处在整理阶段。70~150是经验数字，针对具体情况要进行调整，主要影响因素是参数和股票选择的不同。一般来说，BR指标大于300时，应注意股价回头向下；当BR指标小于40时，应注意股价向上反弹。

技术分析指标种类繁多，对于其他指标在这里就不进行详细的介绍。值得注意的是，不同种类之间息息相关，实际运用中要结合两种及两种以上的指标进行技术分析更为有效。

9 有效市场假说

有效市场假说（Efficient Market Hypothesis，简称 EMH）是现代证券市场理论体系的支柱之一，也是现代金融经济学的理论基石之一。简洁明了的 EMH 体现了经济学家们一直梦寐以求的东西，那就是竞争均衡。有效市场假说实际上是亚当·斯密“看不见的手”在金融市场的延伸。许多得到广泛应用的金融投资理论都建立在有效市场假说的基础之上，有效市场假说保证了这些金融理论的适用性，因此对有效市场假说的讨论相当广泛。有效市场假说在不断获得支持的同时，也引起了各种争论，这些争论对有效市场假说的理论基础提出了质疑，对经典金融学的基石产生了冲击，金融学界、经济学界面临着前所未有的挑战。本章内容是对有效市场假说理论的一个介绍，为正确把握资本市场特性进行研究、决策、监督、投资活动提供帮助。

9.1 有效市场假说简介

9.1.1 有效市场假说的产生与发展

近 30 年来，有效市场假说已经成为资本市场研究的基本信条。有效市场假说的含义是资产市场价格已经包含了影响资产基本价值的有关信息。第一篇讨论市场有效性问题的著述可追溯到吉布森（1889）。吉布森曾描述过这一假说的大致思想，尽管当时还没有“有效市场”这一提法。最早描述和检验随机游走模型的法国数学家、经济学家巴里亚（1990）。巴里亚认为价格行为的基本原则是“公平游戏”，投机者的期望利润应为零。他通过对巴黎股市的研究，提出了有效率市场、股价随机漫步等思想。但他的论文未能引起学术界的重视。巴里亚之后，关于证券价格行为的研究并没有得到很大的发展，直到计算机的出现。

20 世纪 50 年代计算机在经济学中的一个早期运用是分析时间序列数据。研究经济周期的经济学家认为跟踪某些经济变量的发展可以弄清并预测经济在繁荣与衰退期发展的特征。这样股票市场价格变化自然成为其分析的对象。假定股票价格反映了公司的前景，经济表现的峰谷交替将在股价中表现出来。莫里斯·肯德尔在 1953 年对这一命题进行了研究分析之后，发现股票价格序列就像在随机漫步一样，下一周的价格是前一周的价格加上一个随机数构成。实际上，肯德尔的结论沃尔金（1934）早已提出过，只是沃尔金的论述缺乏像肯德尔那样有力的实证研究证据。他们提出的股票价格序列可以用随机游走模型很好描述的观点建立在观察基础上，并没有对这些假设进行合理的经济学解释。在20世纪50年代萨缪尔森发现了巴里亚的论文，大为推崇。1965年，萨缪尔森得出“在股市上赚取和在赌场上赢钱的难度相等”的结论，认同随机漫步理论。尤金·法玛是有效市场假说的集大成者，他为该理论的最终形成和完善做出了卓越的贡献。法玛（1970）不仅对有关有效市场假说的研究做了系统的总结，还提出了一个完整的理论框架。在此之后，有效市场假说蓬勃发展，其内涵不断加深、外延不断扩大，最终成为现代金融经济学的支柱理论之一。

1970年，法玛提出有效市场概念。法玛认为，当证券价格能够充分地反映投资者可以获得的信息时，证券市场就是有效市场。在有效市场中，无论选择何种证券，投资者都只能获得与投资风险相当的证券收益率。法玛根据投资者可以获得的信息种类将有效市场分为三个层次：强式有效市场、半强式有效市场和弱式有效市场。其差异在于各自涉及的信息是不同的，弱式有效市场假说认为在弱式有效的情况下，市场价格已充分反映出所有过去历史的证券价格信息，包括股票的成交价、成交量、卖空金额、融资金融等；半强式有效市场假说认为价格已充分反映出所有已公开的有关公司营运前景的信息，包括成交价、成交量、盈利资料、盈利预测值、公司管理状况及其他公开披露的财务信息等，假如投资者能迅速获得这些信息，股价应迅速做出反应；强式有效市场假说认为价格已充分地反映了所有关于公司营运的信息，这些信息包括已公开的或内部未公开的信息。关于这三个层次，后面将会做出详细的介绍。

此外，有效市场假说包含以下三个要点：

第一，在市场上的每个人都是理性的经济人，金融市场上每只股票所代表的各家公司都处于这些理性人的严格监视之下，他们每天都在进行基本分析，以公司未来的获利性来评价公司的股票价格，把未来价值折算成今天的现值，并谨慎地在风险与收益之间进行权衡取舍。

第二，股票的价格反映了这些理性人的供求的平衡，想买的人正好等于想卖的人，即认为股价被高估的人与认为股价被低估的人正好相等，假如有人发现这两者不等，即存在套利的可能性的话，他们立即会用买进或卖出股票的办法使股价迅速变动到能够使二者相等为止。

第三，股票的价格也能充分反映该资产的所有可获得的信息，即“信息有效”，当信息变动时，股票的价格就一定会随之变动。一个利好消息或利空消息刚刚传出时，股票的价格就开始异动，当它已经路人皆知时，股票的价格也已经涨或跌到适当的价位了。

有效市场假说实际上意味着“天下没有免费的午餐”，世上没有唾手可得之物。在一个正常的有效率的市场上，每个人都别指望发意外之财，所以我们花时间去看路上是否有钱好捡是不明智的，我们费心去分析股票的价值也是无益的，它白费我们的心思。

当然，有效市场假说只是一种理论假说，实际上，并非每个人总是理性的，也并非在每一时点上都是信息有效的。“这种理论也许并不完全正确”，曼昆说，“但是，有效市场假说作为一种对世界的描述，比你认为的要好得多。”

有效市场假说理论提出后，有人支持，有人反对，许多学者做了大量的实证检验。

弱式有效市场的实证检验方法主要有两个：一是利用随机漫步检验验证股票价格之间的序列相关性；二是对技术分析的交易规则进行检验。半强式有效市场的实证检验方法主要有残差分析法、事件研究法。巴菲特、索罗斯等投资大师在国外都是有效市场假说的反对者，投资顾问、基金经理也是有效市场假说的反对者。另外，许多学者发现市场上存在日历效应、市值规模效应、价格回归效应和惯性效应。根据这些效应去投资，可以帮助投资者获得超额收益率。这说明半强式有效市场是不成立的。事实上，有效市场假说的成立依赖于投资者相信市场并非有效并试图战胜它。根据投资者对有效市场假说的判断，可以把投资策略分为主动和被动。如果投资者认为市场是有效的，可以选择被动投资策略，指数基金多采取被动策略投资；如果投资者认为市场不是有效的，可以选择主动投资策略。

20 世纪 70 年代以后有关有效市场假说的研究更加深入和广泛。法玛（1991）归纳了 20 世纪 70 年代以后 90 年代以前关于有效市场假说方面的探索，对以前关于有效市场假说的研究工作进行了分类。法玛将分类做了如下调整：原来第一类弱式检验主要研究过去收益率的预测能力，现在则包括与收益率可预测性有关的更广泛的检验。这类检验包括用股利报酬率、利率等变量预测收益率。由于有效市场假说与均衡定价理论密不可分，讨论可预测性也包括资产定价模型的检验和在检验中发生的一些异象，如规模效应。此外关于日历效应，如 1 月效应，以及关于证券价格波动的研究也包括在其中。第二类半强式检验和第三类强式检验包括的范围不变，但建议更换名称。半强式检验改为更普通的名称，即事件研究，强式检验改为更具描述性的名称——内幕信息检验。关于收益率可预测性的讨论非常之多，收益率可预测性所隐含的含义也引起了广泛的争议。

许多现代金融投资理论，如 CAPM、APT 等都建立在有效市场假说基础之上。有效市场假说及建立在其上的理论使得金融经济学更加丰富和完善，使得这一学科的重要性日益增强，可以说，有效市场假说促进了金融理论的发展。近 30 年来，金融经济学发展迅猛，有效市场假说在不断得到支持的同时，也引起了对有效市场假说的各种争论。其中比较著名的争论如异象的发现，直接发展成为较为系统的行为金融学理论，关于市场非线性的探讨也推动了混沌非线性动力学、复杂性理论等的进一步发展。这些理论的不断完善对有效市场假说的理论基石提出了质疑，对整个现代金融学的基础产生了冲击，金融学界、经济学界面临着前所未有的挑战。这种对于金融经济学基础的重新审视不仅对于经济学家有着重要影响，而且对于决策者、管理者、生产者和投资者都有着巨大的现实意义。

9.1.2 有效市场假说的含义

9.1.2.1 有效市场假说

“有效”这个词用途广泛，在经济学中有多种相关但又不同的含义。在新古典均衡理论中，有效是指“帕累托有效”。而在金融经济学中有效的含义却不同，对此，许多经济学家都有不同的阐述。弗雷德里克认为，“有效市场理论是以以下假设为出发点，即金融市场上各种证券价格完全反映了所有可得的信息”，“自由市场制度的核心，是价格能够准确地反映稀缺资源在无限制的、不同选择和竞争性用途中有效配置所必需的全部信息”。规范而言，若证券价格并不因为向所有证券交易参与者公开信息集 Z 而受到影响，那么，就说该市场对信息集 Z 是有效的。对信息集 Z 有效，意味着以 Z 为基础的证券交易不可能获取经济利润。以上的描述或定义，均没有表达为一种正式的数学结果。这种描述旨在捕捉一种“直觉”，即单个交易者分析他们所能获得的信息，根据信息和自身的状况决定持有资产的状况。资本市场将分散的信息加总，从这个意义上说，市场反映了所获得的信息。

9.1.2.2 有效市场的三个层次

法玛根据用于决策的信息类型不同，对有效市场做了三种形式的划分，即弱式有效市场、半强式有效市场、强式有效市场。

弱式有效市场假说（Weak Form of Efficient Market Hypothesis）认为在弱式有效的情况下，市场价格已充分反映出所有过去历史的证券价格信息，包括股票的成交价、成交量、卖空金额、融资金融等。这个假设的含义是，如果弱式有效市场假说成立，则股票价格的技术分析失去作用，基本分析还可能帮助投资者获得超额利润。

半强式有效市场假说（Semi-Strong Form Market Efficienty）认为价格已充分反映出所有已公开的有关公司营运前景的信息。这些信息有成交价、成交量、盈利资料、盈利预测值、公司管理状况及其他公开披露的财务信息等。假如投资者能迅速获得这些信息，股价应迅速做出反应。如果半强式有效假说成立，则在市场中利用技术分析和基本分析都失去作用，内幕消息可能获得超额利润。

强式有效市场假说（Strong Form of Efficiency Market Hypothesis）认为价格已充分地反映了所有关于公司营运的信息，这些信息包括已公开的或内部未公开的信息。在强式有效市场中，没有任何方法能帮助投资者获得超额利润，即使基金和有内幕消息者也一样。

可以看出，有效市场的三种形式是密切关联的，因为信息集的范畴是嵌套的。如果弱式有效市场不存在，则半强式有效市场和强式有效市场更不会存在；反之，如果强式有效市场不存在，并不意味着弱式和半强式有效市场也不存在。有效市场三种形式的划分有重要的意义，它能使人们运用不同类型的信息对有效市场进行经验上的检验。

因此，在对有效市场进行检验时，先检验弱式有效是否成立；若成立，再检验半强式是否有效；再成立，最后检验强式有效是否成立。顺序不可颠倒。

9.1.2.3 技术分析

技术分析是通过对市场过去和现在的行为，运用一系列方法进行归纳和总结，概括出一些典型的行为，并据此预测证券市场的未来变化。

技术分析本质上是寻找股价的起伏周期和预测模式。尽管技术分析家承认关于公司未来前景信息的价值，但他们相信这样的信息对构造成功的交易策略而言是不必要的。因为假如股价的反应足够慢，不管股价变动的原因是什么，分析家都能确定一个能在调整期内被利用的方向。成功的技术分析关键是：股价对基本供求因素反应迟钝。

当然这个前提条件与市场有效性的观点相违背。

技术分析家有时也被称为股市图表专家，他们研究记录和绘制过去股价信息的表格，希望能找出可用来构造盈利的投资组合的模式。作为技术分析的一个例子，股市图表专家现在考察相对强势的方法，用近期股票的业绩与市场同行业其他股票的业绩进行比较。相对强势法的一个简单的例子就是股价与某一市场指数（比如标准普尔500）的比率，如果该比率在一段时间内上升，就表明该股票显示了相对强势，因为其价格表现要比其他大部分市场股票要好。这样的强势大概会持续一段足够长的时间以提高获利机会。在技术分析中最常见的组成部分之一就是阻力水平和支持水平的概念，这些数值是指价格很难超越或不太可能低于的水平，一般认为它们是由市场心理所决定的。

有效市场假说意味着技术分析完全无用。价格和交易量的历史数据是花费最少的历史信息。因此，从分析过去股票价格获得的信息已经在股价中得到反映。当投资者争相使用股票价格历史信息时，股价必然会被推向使期望收益率与风险恰好相抵的水平，在那个水平上没人能获得超额收益。

让人觉得有趣的是，技术分析规则一旦被广泛认可是否还继续适用。一个明智的分析家可能偶然发现一个获利交易规则，对有效市场的检验则变成一旦这一规则的价值被揭示出来，该规则的价值本身是否就已经被反映在股价中。一旦一条有效的技术规则（或价格模式）被发现，当大量投资者试着去利用它，它将会变得无效。在这个意义上，价格模式应该是自我消亡的。

市场动力来自于对盈利的交易规则的不断搜寻，之后又由于滥用这些曾经成功的规则而自我消亡，再之后就是对未知规律进行进一步的探寻。

9.1.2.4 基本面分析

基本面分析是利用公司的盈利、股利前景、未来利率的预期以及公司的风险评估来决定适当的股票价格。最终，它表达了一种股东将获得的每股收益的贴现值的意图。如果该价值超过了股价，基本面分析家将推荐购买该股票。

基本面分析通常首先从对公司以往盈利进行研究和公司资产负债表的考察开始。他们为分析提供了更为详尽的经济分析，通常包括对公司管理素质、公司在行业内的地位以及该行业前景的整体评估。其希望是获得尚未被市场其他人认识到的公司的未来的表现。

有效市场假说将再次预测，大部分基本面分析也注定是要失败的。如果分析家依靠那些公开的利润和行业信息资料，那么其公司对于公司前景的评估不太可能比其他竞争者精确多少。许多消息灵通、财力雄厚的公司进行市场研究，在这样的竞争之下，发掘数据不像其他研究一样简单。只有那些独具慧眼的分析家才会得到回报。

基本面分析相比于简单地确定良好运行的公司的前景要难得多。当市场中其他人也知道哪些公司的前景好时，会发现这一点对于投资者来说本身是无意义的。如果信息已经被公开，投资者将要为购买该公司的股票付出高额的代价，因此无法获得较高的收益率。

这就是为什么基本面分析很困难。仅仅分析公司的好坏是不够的，因为秘诀不在于确定公司是否运营良好，而在于找出相对于其他人预期来说要好的公司。类似地，经营惨淡的公司也可能成为抢手货，只要它不像其他公司股票所暗示的那么差就好了。只有你的分析结果比你的竞争对手好才能赚取更多利润，因为市场价格已经反映了所有的公开信息。

基本面分析有两项基本任务：一项任务是评估证券的内在价值，其作用在于为判断证券市场价格的高低确立一个参照标准；另一个主要任务就是因素分析，它是试图通过对与证券价格存在逻辑联系的各种因素的分析，探索证券价格决定及其变动的内在原因，并在此基础上对证券价格的走势进行判断。

基本面分析的优点主要是能够比较全面地把握证券价格的基本走势，应用起来也相对简单。缺点主要是预测的时间跨度相对较长，对短线投资者的指导作用比较弱；同时，预测的精确度相对较低，且难度较大。

9.1.3 有效市场假说的检验

(1) 弱有效市场检验。

有效市场的早期检验是对弱有效市场的检验。对弱有效市场的检验分为对短期收益和长期收益的检验。

①短期收益。

辨别股票价格趋势的一种方法是通过测度股票市场收益率的序列相关性。序列相关表示股票收益与过去收益相关的趋势。正序列相关意味着正收益倾向于跟随过去的正收益（动量性）。负序列相关表示正收益倾向于被负收益跟随（反向和纠正性）。康拉德等人考察了纽约证券交易所（New York Stock Exchange，简称 NYSE）的股票的周收益并发现了短期内的正序列相关。然而，周收益的相关系数都相当小，因此，尽管这些研究证明了短期内有弱的价格趋势，但证据并没有清晰地表明有交易机会的存在。

通过对中期（3~12 个月）股票价格行为的研究，Jegadeesh 和 Lehmann 发现了中期收益的动量效应，即中期内无论业绩好坏都将持续下去。尽管单个股票的业绩是难以预测的，但由表现最好的股票组成的投资组合比其他存在获利机会的股票业绩要好。因此，实证表明，在短期至中期内，价格动量存在于这个市场中，也存在于跨部门的市场里。

②长期收益。

长期收益的检验发现，在整个市场中明显存在着负长期序列相关的情况。这一结果已经成为一种“假说”，认为股票市场对相关信息反应过度，这样的反应过度将会导致短期内正序列相关。随后对过度反应的纠正又引起了坏业绩跟随好业绩的情况，反之亦然。纠正意味着在一段正收益过后跟随着的是负收益，结果股票市场长期收益就出现负序列相关。在纠正之后发生的这种明显过度使股价呈现围绕着公平价值波动这一特点。

除了显示整个股票市场长期收益过度反应之外，许多其他研究表明，在长期收益中一些特别的证券的极端表现呈现反向的趋势：在过去表现最好的股票在随后时期内的业绩要比其他证券的业绩差，而在过去业绩表现较差的股票也将在未来超出平均收益水平。

总之，整个市场和部分市场在价格行为当中都存在着短期动量和长期反向形式。这种形式的一种解释是短期过度反应（这引起价格动量）可能会导致长期反向。

（2）半强式有效市场检验。

检验证券价格对公开发布信息的反应速度，信息集是所有公开的信息，如年度收益公告、股票分割等。若该假设成立，则说明投资者不仅无法从历史信息中获取超额利润，而且也无法通过分析当前的公开信息获得超额利润。经济学家一般运用的是事件研究法。事件通常指公司公开发布信息、公司某些特定行为（如发放股利）或者政府行为（如有关法律的修正）。事件研究以一至数天为时间窗口长度，以这段时间的累计股票收益率和年度（季度）会计指标为观测值，旨在确定该事件是否引起投资者对企业未来现金流量的期望值的改变，从而引起显著的股价变动。

（3）强式有效市场检验。

研究是否有投资者或投资机构组织具有与价格形成有关的信息的垄断力量，信息集还包括没有完全反映在市场价格上的内幕信息。若该假设成立，则说明投资者即使拥有内幕消息也无法获得超额利润。强式检验研究的对象是专业投资者或内幕人士的收益率。如果能发现某一专业投资者具有重复的卓越表现，则表明他具有预测能力，而他的研究成果，即所掌握的信息也就没有为市场价格所吸收。对内幕交易的研究，现已成为金融经济学、政治经济学和法学研究的重要课题之一，这方面的研究在国外已经有了相当大的发展。

9.2 市场异象研究

基本面分析比技术分析利用了更为广泛的信息来构建投资组合。基本面分析有效性的调查要求了解是否能够利用证券交易历史外的可得到的公开信息来提高投资业绩，因此来衡量半强式有效市场假说。令人惊奇的是，一些简单的容易获得的统计量，如股票市盈率或市场资本化比率似乎能够预测异常风险调整收益，但这类发现很难符合市场有效假说，因此被称为有效市场异象。

市场异常现象包括四种：①日历效应。被人们注意到的日历效应有“1 月效应”和“周末效应”。“1 月效应”指的是每年 1 月份股票收益率会显著地高，“周末效应”指的是从星期五到星期一闭市期间股票收益率是负的。②小公司效应。本茨（1981）从 1936—1975 年美国股票数据中发现小厂商（按市值计）平均来说比大厂商具有更高的经风险调整之后（依 CAPM）的收益率；而且，此收益率与厂商规模是非线性关系，即小厂商效应主要发生在很小的一类厂商中。③超常易变性。席勒（1981）等人对收益率易变性（如统计方差）进行了测试。席勒从 S&P 类股票 1871—1979 年数据中发现，按与有效市场假说一致的未来收入流（股息）贴现值（席勒称之为有效市场模型）的标准，股票价格变动剧烈，或者说呈现了超常易变性。超常易变性可能提供短期的套利机会。显然，超常易变性与有效市场假说不符，它表明股价变化超出了可由有关因素所能解释的范围。④反转和惯性。与以上因子分析不同，反转和惯性着眼于收益率随时间的演化。德庞（1985）和索勒（1987）发现了股票价格长期反转现象，即过去长期赚取的股票组合在随后的3~5年表现平均来说比过去长期亏钱的股票组合差。随后，Jegadeesh（1990）发现了月时间尺度上的价格反转，莱曼（1990）发现了周时间尺度上的价格反转。价格反转有时也被称为均值回复，这种叫法隐含价格变动存在均衡趋势。与长期价格反转相对照的是，Jegadeesh 和 Titman（1993）发现了中期收益率惯性现象，即过去3~12个月赚取的股票组合在随后的3~12个月平均来说仍然表现得比过去亏钱的股票组合好。显然，反转和惯性是不同时间尺度上的收益率动态行为，对此现象，不同的学者有不同的解释。德庞和索勒认为价格反转源于交易者的过度反应，Chan（1996）则认为惯性的收益率持续是因为交易者反应不足。我们可以认为，反应过度和反应不足看起来是矛盾的，但它们其实是不同时间尺度上的行为。另外，Lee 和 Bhaskaran（1999）把股票交易量（流动性）与惯性、反转结合起来考察，发现赚钱的低交易量股票组合和亏钱的高交易量股票组合显示更强的价格惯性；赚钱的高交易量股票组合和亏钱的低交易量股票组合呈现更快的价格反转。他们也发现低交易量股票总体来说比高交易量股票表现要好，但他们并不认同流行的流动性解释，而认为是因为低交易量股票的价值被低估，使其呈现价值股票的特征。

9.2.1 1月效应

根据对1904—1974年美国证券交易所这70年的数据研究，一月份的股票月平均收益率为3.48%，而其他11个月的股票月均收益率仅为0.42%，1月份的收益率比其他月份高出了惊人的3.06%。对日本东京证券交易所的数据研究也同样得出了这个结论：

对于1月效应的解释，有以下四个版本：

（1）税务效应。

在美国的税法是这样的：如果投资获得盈利是需要缴税的，这个税项就是“资本增值税”。如果卖出股票的价格比买入价高，那么所赚取的利润便要缴税。但这税项是对称的，如果卖出股票的价格比购入价低，投资便出现亏损。而原则上，这些亏损是可以扣税的。股票投资的赚蚀税务效应，不是计账面的，而是根据实质的买卖。如果持有股票是账面亏损的，原则上不能扣税。要把股票在市场上沽出，把账面亏损变成实际亏损，才能获得税务宽免。而美国报税的截止日在每年12月月尾，因此如要获得扣税，便要在年尾之前把账面亏损股份沽出。为了降低所缴纳的税款，不少投资者都会在12月前沽出账面亏损股份，形成了12月的市况偏淡。但到了翌年1月，一切都重新开始，投资者会重新投入市场，把12月套现的资金重新投放股市之中，买入心仪的股份，继而带动股市上升。而这个由税务因素带动股票上升的效应，叫作税务效应。

（2）粉饰橱窗。

基金多在12月做年结，制作年报在年初寄给基金持有人，而基金年报之中会有一项十大持股的列表，告诉基金持有人，基金所持有的股份是什么，让基金客户知道基金的投资策略。既然要披露有关持股量，所持有的股份要尽量富有吸引力，例如一些稳健的蓝筹股份便符合要求。但问题是蓝筹股的回报较低，因为风险同样低，可能会令基金表现得没有那么具有吸引力，所以折中的办法就是在年初之时，购入一些二、三线上市公司，借着它们来提升基金回报，然后在年结之前，把这些股份沽出，换入蓝筹股份，使得基金持股列表更加好看。结果是每逢年尾之时，一些一线以下的股份股价下跌，反而大蓝股股价有支持。当踏入翌年1月，基金已完成了年报工作，新的一年又要重新争取表现，于是重新吸纳股份，带动股市上升，形成1月效应。

（3）年终花红效应。

传统西方派发花红日期，多在12月月尾、1月初。人们把花红或双粮投入股市的时间多在1月，因而带动股市出现1月效应。

（4）季节原因。

12月出现多个重要假期，在美国有感恩节、圣诞节及新年年假，而基金经理多在12月休假。在1月放假归来，重新投入工作之时，往往会重新部署投资，购入股份，继而带动1月股市上升。

上述种种，就是引发1月效应的不同原因。

当然对于中国的股市来说，各项假设未必完全成立的，例如在香港地区，投资股票失利是不能扣税的，所以香港地区便没有税务效应。而年终花红的发放，我国多在农历新年前后，亦即2月左右，因此我国股市的1月效应可能因此而受影响。中国的一些学者也以我国的数据进行了实证研究，结果表明，中国股市的“1月效应”由于春节的缘故被挪到了2月或3月。

9.2.2 周末效应

对纽约证券交易所的日投资回报率的统计研究表明，周一的平均回报率比其他交易日要低得多，更确切地说，周一的平均回报率为负值，而其他交易日则为正值。而对东京证券交易所的实证研究也同样验证了周末效应的存在。

对于中国股市是否存在周末效应，张思奇、冉华认为我国股市存在“星期五效应”。他们认为投资者不考虑行情涨跌、心情好坏、天气变化以及各种政策信息，只要不断在星期四下午收盘时买进股票，第二天即星期五收盘时卖出股票，其他时间自行安排，最后一样能称为中国的“股神”——投资风险只要市场平均水平的80%，而享受一般投资者收益水平4.8倍的回报率。同时星期五效应稳定存在，无论是熊市还是牛市，无论宏观经济是高速发展还是陷入低迷，星期五效应都拥有难以让人置信的回报率。市场回报率过于集中在星期五，说明股票市场依赖于某种制度性或政策性收益。股票市场主要交易收益率集中在星期五，这显然不是投资者主观选择的结果，而只能是存在某种制度或政策，使投资者发现在星期五能够获得丰厚回报。投资者认为星期五效应说明市场是非有效市场，市场制度存在明显缺陷。星期五效应对于任何投资者来讲都一样，而且不需要特别的辅助条件。任何证券市场，如果明显存在这种机会，使一般投资者都可以得到异常的超额收益，那么这个市场一定是非有效的，市场制度必定存在明显缺陷。

9.2.3 小公司效应

小公司效应是指市场价值总额小的上市公司股票平均收益率明显大于市场价值大的上市公司。Banz（1981）发现股票市值随着公司规模的增大而减少的趋势。同一年，Reimganum（1981）也发现了公司规模最小的普通股票的平均收益率要比根据CAPM模型预测的理论收益率高，且小公司效应大部分集中在1月份。由于公司的规模和1月份的到来都是市场已知信息，这一现象明显地违反了有效市场假设。Siegl（1998）的研究发现，平均而言，小盘股比大盘股的年收益率高出4.7%，而且小公司效应大部分集中在1月份。由于公司的规模和1月份的到来都是市场已知信息，这一现象明显地违反了半强式有效市场假说。Lakonishok等（1994）的研究发现，高市净盈率的股票风险更大，在大盘下跌和经济衰退时，业绩特别差。市盈率与收益率的反向关系对EMH形成严峻的挑战，因为这时已知的信息对于收益率有明显的预测作用。

小公司效应实际上是20世纪70年代后期对CAPM的非常规性研究之一，非常规性从某种意义上说是公司特征。按照CAPM模型：

$$E(r_i)=r_f+\beta_i[E(r_m)-r_f] \tag{9.1}$$

β完全刻画了截面层上的预期超额收益的波动。小公司效应本质上是小公司所获得的超额收益不能用CAMP中的β系数解释的部分。对于小公司效应的现象，有以下三种解释：

（1）统计数据偏差。

Roll（1981）认为与等权计算的股票指数（E）相比较，以市值为权数加权平均计算的标准普尔500指数（S）更偏重于大公司，换言之，前者的某些特征更接近小公司组合的收益率，因而他认为比较两种指数有助于研究产生规模效应的真实原因。在比较1962—1977年不同时间跨度的E和S后发现，在所有的持有期下E更高，比S平均每年高出12%，且方差更大。虽然日收益率下两种指数的Beta和方差几乎相同，但随着持有期的延长——由日、周等渐变为半年收益率数据——E的最小二乘β和方差急剧增大。这表明短期数据会低估小公司的风险而夸大其收益状况。Roll认为小公司股票交易不频繁，使得日收益率存在较长的滞后影响，由此带来了数据的自相关性，导致Beta估计偏低。同时，Roll还使用Dimson（1979）提出的方法估计β值，结果规模效应有所减弱。

但是Reingnum（1982）则认为这不足以解释全部的小公司超额收益。Reingnum发现，用Dimson提出的方法估计β值，得到小公司和大公司β值之差约为0.7，它们的平均收益率相差36%，而市场期望收益将比无风险（$0-\beta$）收益高50%（36%/0.7），显然这是不可能的。因而Reingnum认为用小公司风险被低估来解释小公司效应的理由并不充分。

此外，Roll在另一篇文章中提到市场基准组合选择若不是事前均方差有效也会导致β估计偏低。后来Booth和Smith（1985）用Frisch（1934）提出的直接和倒置回归法来检验由基准和不同时交易对β估计的影响。Frisch用β^D（直接回归下计算的β）和倒置回归下计算的β作为估计真实β的上下界，来解决变量误差问题。

$$\beta^D = \frac{\sigma(R_p, R_m)}{\sigma(R_m, R_m)} = \frac{\sigma(r_p, r_m)}{\sigma(r_m, r_m) + \sigma(v, v)} \tag{9.2}$$

$$\beta^R = \frac{\sigma(R_p, R_P)}{\sigma(R_p, R_m)} = \frac{\sigma(r_p, r_p) + \sigma(v, v)}{\sigma(r_p, r_m)} \tag{9.3}$$

其中，$R_p = r_p + v$ 和 $R_m = r + v$ 分别代表组合与市场的估计收益率，并由各自的真实收益率加上残差得到。σ 表示协方差。

通过公式 $R_p - R_f = \alpha + \beta(R_m - R_f)$ 可得到 α^D 和 α^R，两者共同确定真实 α 的估计区间。截距项 α 代表风险调整后的超额收益，因而若不存在规模效应，真实 α 为 0。Booth 和 Smith 发现基准率和不同时交易的存在虽然放松了估计区间［即 $\sigma(r_m, v)$ 和 $\sigma(r_p, v)$ 不为 0］，但两个 α 均为正。也就是说基准率和不同时交易所产生的有偏估计并不能解释这种异常收益。

如果规模效应不是，至少不完全是由统计数据偏差造成的，那么金融市场上很可能存在某些因素。这些因素要么使 β 估计偏低，要么是 CAPM 所不能反映的风险，从而使 CAPM 失效。以下从广义交易成本和风险溢价两个角度阐述一些学者对规模效应的解释。

（2）交易成本。

这里的交易成本指的是做市商在交易时所发生的成本。按照 Kim 和 Ismail（1990）的定义，广义交易成本分为直接和间接两类。直接成本包括做市商提供交易服务所产生的经纪费和出价与要价的差额。间接成本包括与交易活动相关的信息搜寻和投资组合管理所产生的费用。

出价与要价的差额（以下简称为出要差价）是做市商弥补市场的买卖双方在交易上不同步而要求的费用。要价包含了交易者为了能够立即买入而支付的溢价，出价包含立即卖出的溢价。因而 Amihud 和 Mendelson（1986）认为出价与要价的差额可以看作是，由于提供流动性和立即交易的可能，做市商所要求的费用。更进一步，他们把出要差价看作反映市场稀薄（即成交量较少）程度的指标，与成交量、股票持有人数、做市商数目以及股价变动的连续性等市场流动性指标负相关。而且，不论是总收益还是扣除交易成本后的净收益都是出要差价的递增且凹的函数。他们用三个模型检验 β、出要差价和收益率之间的关系。①CAPM 模型检验验证了 β 和收益间显著相关。②在 CAPM 中加入一个流动性变量：出要差价的对数。结果出要差价解释力更强。③收益率仅对出要差价的对数回归，结果显著性（t）达到 6.16，甚至高于 CAPM 中相应的 t 值。所以他们认为出要差价和收益率间显著的正相关关系可以解释小公司效应，因为小公司成交量少，其流动性更差。

Stoll 和 Whaley（1983）的发现也支持该结果，他们考察了纽约证券交易所的股票。在控制出价与要价的差额和佣金变量影响后，规模效应只出现在三个月，一年持有期下的组合的超额收益不显著。关于流动性效应解释，Amihud（2002）后来认为这种流动性溢价不仅来自小公司股票本身的特征，还可能反映小公司股票的流动性对市场不流动性的敏感度。Amihud 考察 1964—1997 年的纽约证券交易所的股票，认为市场流动性会影响股票预期收益。具体而言，预期的市场不流动性将提高股票的预期超额收益；

未被预期到的市场不流动性将降低当时的股票收益率。并且，这种不流动性效应对于小公司股票更强。

（3）风险溢价。

许多学者认为金融市场存在着影响投资者预期收益率的非系统风险，从而产生风险溢价。规模效应就是这种风险溢价的反映。风险溢价的解释主要包括忽略效应、最小股价变动效应和公司基本面风险。

①忽略效应。

小公司容易被股票市场的操纵力量即机构投资者所忽略。机构投资者通常只关注大公司，而较少研究小公司，所以市场参与者对于小公司的生产、管理及市场销售等情况的了解存在信息不完全性。了解其信息越少，风险也就越大。Arbel，Carvell 和 Strebel（1983）认为机构投资者受到内外两方面的约束：一方面实行谨慎的投资策略，另一方面要满足证监会在信息披露（持有 5%以上股份的投资人须上报）和流动性等方面的要求，因而较少投资于小市值公司股票，这使得市场上对小公司股票的研究稀少，相关信息缺乏，这种信息缺乏使投资小公司股票的风险更大，因而需要更高的收益率来补偿。他们以机构持有度为标准，把公司分为高度持有、适度持有和忽视三种类型，再按规模大小分为 3 个层次，从而得到 9 个股票组合。分别研究这些组合的收益率、风险大小（市场风险和由收益率方差表示的总风险）、超额收益和基金业绩指数（夏普比率和特雷诺指数）随机构持有度和规模变化的变动情况，发现即使控制规模变量，低机构持有度意味着更高的期望收益率。而规模效应在控制了机构持有度后消失了，认为规模效应实际上是一种忽略效应的反映。

Barry 和 Brown（1984）认为小公司的信息较少，增加了小公司股票价格参数估计的风险，从而产生风险溢价。他们将公司的挂牌上市交易时间作为信息可得性的测算指标，分析了 β、公司规模和上市时间因素，以及这些因素间的相互关系，发现 1926—1980 年的 NYSE 的股票存在上市时间效应。与小公司效应不同，上市时间效应没有一月季节性。他们还发现公司规模与上市时间的相关关系要强于规模效应本身。

②最小股价变动效应。

不同于 Barry 和 Brown，Kross（1985）提出另一种股票价格参数估计风险。就收益率分别与公司市场价值（MV，代表规模变量）和股利收益率（E/P）高度相关的现象，Kross 认为股价效应才是主要原因。

③基本面风险。

20 世纪 90 年代后很多学者将注意力转向公司基本面分析，即其本身的经营特点来解释规模效应。尤其是当 Dimson 和 Marsh（1999）发现反小公司效应后，经营风险的解释显得更有说服力。

Chan 和 Chen（1991）研究了不同规模公司结构特征上的差异，认为这是导致不同规模公司在同一经济情况下收益率差异的原因。发现小公司投资组合中有相当部分为边际企业，而边际企业生产效率低和杠杆比率高、经营不佳，因而对经济情况变动极为敏感，风险也更大。所以小公司的超额收益实质是对边际企业更高投资风险的补偿。他们构造了两个 1956—1985 年边际企业收益时间序列指数：DIV 和 IEV。由于 DIV 和

IEV 都剔除了表现良好的小公司的因素，因而较好地反映了边际企业收益状况。结果表明，经营状况所产生的风险因素对收益率具有同样的解释力。

Fama 和 French（1992）从β对收益的解释能力的角度证明小公司的超额收益是风险溢价。他们考察了 1982—1989 年纽约证券交易所、美国证券交易所和纳斯达克的股票，先按规模大小构造证券组合，发现组合的值与收益正相关，又与规模高度相关。再按事前值的排序进一步细分这些组合，即剔除规模因素的影响，发现收益率与规模显著相关，而与β无关。因此他们认为β并不能解释截面股票收益表现，而公司规模和账面市值比（BE/ME）相结合可以解释样本期内杠杆率和 E/P 率对收益率的影响，因而在资本市场理性定价的前提假设下，公司规模和账面市值比可以反映股票的全部风险。在分析规模对收益率具有解释力的原因时，Fama 同意 Chan 和 Chen 的观点，认为公司规模和账面市值比实质上体现了收益与基本面风险之间的关系。低价股票的未来收益对经济情况变动更为敏感，收益前景不佳，因而投资者要求更高的回报以补偿风险。

Dimson 和 Marsh（1999）认为市场异象顺应墨菲法则，即凡有可能出差错的事终将出差错，也就是说，小公司的超额收益终将走向反向。他们考察了 1955—1997 年英国小公司的收益表现（指数 HGSC），并与同期美国市场做了比较，发现英国的小公司在 1955—1986 年的收益超过大公司达 6 倍，而在 1989—1997 年却以几乎相同的幅度逊于大公司。1987—1988 年伴随着市场对小公司效应的关注，一大批以投资小公司为投资策略的基金公司成立，这段所谓的成立时期（launch time）恰是小公司超额收益的转折期。同时，他们还发现 1988 年也恰是小公司股利增长率开始低于大公司并趋于负增长的时期。

他们认为小公司收益的逆转也是一种小公司效应，其原因并非市场投资情绪或是风险溢价，而是公司基本面因素使然：小公司的行业结构和以相对股利增长为衡量指标的公司业绩表现。由于规模经济等因素，小公司集中于某些领域，而在过去十年中这些领域不景气。同时，技术因素和市场力量也都有利于大公司的发展，从而产生了大公司溢价。所以，大公司的表现超出投资者预期导致小公司的超额收益消失并发生逆转，而小公司效应仍然存在，只是以负的超额收益形式表现出来。Kim 和 Burnie（2002）用 Alpha、残差和回归检验方法检验了 1976—1995 年 Compustat 的股票数据，证明小公司效应在经济扩张期显著，而在收缩期消失。因为相对于大公司，小公司的资产收益率更低，而杠杆比率更高，所以小公司更易受经济负面变化的影响，在经济景气时表现较好，而在经济萧条时表现较差。同时还发现小公司效应主要在一月，且在经济扩张和收缩期都存在，然而风险也更高。

其实，市场有效性是一个很好的假设，正如其他经济模型是对经济状况的一个很好的简单描述那样，它是对股市状况的一个很好的简单描述。检验市场有效性的构成主要是寻找某个均衡模型或资产定价模型的过程，并通过定价模型，检验有关信息是否合理地反映在股价的变动中。因此，如果发现股票的收益率有异常现象，那么我们可以说，也许是市场有效性不成立。但是，也可能是研究者采用的定价模型不理想。异常收益的研究加深了我们对市场收益行为的认识，也使我们认识到对于市场有效性的研究，应当把主要的注意力放在实际序列和股价收益率的相关性研究上来。这样，我们就可以从不断地判断市场是否有效的论证圈子里走出来，可以更深入地研究这个市场的运行特点和规律。应当看到，所谓股市中的异常收益的存在是市场本身运行的内在反映，通过对异常收益的研究，可探索市场运行的规律。由于不同发展阶段的证券市场，其异常收益的表现会不同，比较不同市场异常收益的异同，可以帮助我们更好地认识市场的特点，以及市场运行背后的规律，而这也许与市场是否有效是同等重要的。

9.3 有效市场假说的意义

9.3.1 理论意义

有效市场假说的理论意义在于提高证券市场的有效性，根本问题就是要解决证券价格形成过程中在信息披露、信息传输、信息解读以及信息反馈各个环节所出现的问题，其中最关键的一个问题就是建立上市公司强制性信息披露制度。从这个角度来看，公开信息披露制度是建立有效资本市场的基础，也是资本市场有效性得以不断提高的起点。

9.3.2 实践意义

(1) 有效市场和技术分析。

如果市场未达到弱式下的有效，则当前的价格未完全反映历史价格信息，那么未来的价格变化将进一步对过去的价格信息做出反应。在这种情况下，人们可以利用技术分析和图表从过去的价格信息中分析出未来价格的某种变化倾向，从而在交易中获利。如果市场是弱式有效的，则过去的历史价格信息已完全反映在当前的价格中，未来的价格变化将与当前及历史价格无关，这时使用技术分析和图表分析当前及历史价格对未来做出预测将是徒劳的。如果不运用进一步的价格序列以外的信息，明天价格最好的预测值将是今天的价格。因此在弱式有效市场中，技术分析将失效。

(2) 有效市场和基本分析。

如果市场未达到半强式有效，公开信息未被当前价格完全反映，分析公开资料寻找误定价格将能增加收益。但如果市场半强式有效，那么仅仅以公开资料为基础的分析将不能提供任何帮助，因为针对当前已公开的资料信息，目前的价格是合适的，未来的价格变化与当前已知的公开信息毫无关系，其变化纯粹依赖于明天新的公开信息。对于那些只依赖于已公开信息的人来说，明天才公开的信息，他今天是一无所知的，所以不用未公开的资料，对于明天的价格，他的最好的预测值也就是今天的价格。所以在这样的一个市场中，已公布的基本面信息无助于分析家挑选价格被高估或低估的证券，基于公开资料的基础分析毫无用处。

（3）有效市场和证券组合管理。

如果市场是强式有效的，人们获取内部资料并按照它行动，这时任何新信息（包括公开的和内部的）将迅速在市场中得到反映。所以在这种市场中，任何企图寻找内部资料信息来打击市场的做法都是不明智的。在这种强式有效市场假设下，任何专业投资者的边际市场价值为零，因为没有任何资料来源和加工方式能够稳定地增加收益。对于证券组合理论来说，其组合构建的条件之一即是假设证券市场是充分有效的，所有市场参与者都能同等地得到充分的投资信息，如各种证券收益和风险的变动及其影响因素，同时不考虑交易费用。但对于证券组合的管理来说，如果市场是强式有效的，组合管理者会选择消极保守型的态度，只求获得市场平均的收益率水平，因为区别将来某段时期的有利和无利的投资不可能以现阶段已知的这些投资的任何特征为依据，进而进行组合调整。因此在这样一个市场中，管理者一般模拟某一种主要的市场指数进行投资。而在市场仅达到弱式有效状态时，组织管理者则是积极进取的，会在选择资产和买卖时机上下功夫，努力寻找价格偏离价值的资产。

（4）有效市场的三种形式和证券投资分析有效性之间的关系如表 9.1 所示。

表 9.1　市场有效性与投资分析的关系

	技术分析	基本分析	内幕消息	组合管理
无效市场	有效	有效	有效	积极进取
弱式有效	无效	有效	有效	积极进取
半强式有效	无效	无效	有效	积极进取
强式有效	无效	无效	无效	消极保守

参考文献

［1］宋国良. 投资管理［M］. 北京：清华大学出版社，2007.

［2］滋维·博迪，亚历克斯·凯恩，艾伦·J. 马库斯. 投资学（原书第 9 版）［M］. 汪昌云，张永冀，等译. 北京：机械工业出版社，2012.

［3］殷孟波. 货币金融学［M］. 2 版. 成都：西南财经大学出版社，2012.

［4］张玉臣. 创业投资管理［M］. 上海：同济大学出版社，2005.

［5］宋清华，李志辉. 金融风险管理［M］. 北京：中国金融出版社，2003.

［6］陈永生. 投资学［M］. 成都：西南财经大学出版社，2003.

［7］刘红忠. 投资学［M］. 3 版. 北京：高等教育出版社，2015.

［8］罗伯特·D. 爱德华兹，约翰·迈吉，W. H. C. 巴塞蒂. 股市趋势技术分析（原书第 9 版）［M］. 郑学勤，朱玉辰，译. 北京：机械工业出版社，2008.

［9］李佩芝. 投资学［M］. 北京：机械工业出版社，2002.

［10］张勇. 证券投资学［M］. 北京：科学出版社，2016.

［11］张宗新. 投资学——证券分析与投资管理［M］. 上海：复旦大学出版社，2012.